願いをかなえる「お清め」ブック

小野寺 潤

SB
サンマーク文庫

文庫化にあたって

『あなたの人生に奇跡をもたらす和の成功法則』に続き、サンマーク出版からの第二作目が『願いをかなえる「お清め」ブック』のタイトルで文庫版として刊行される運びとなりました。これも読者の皆様はじめ、この道にご理解ある方々の支援あってのこと。うれしさと感謝の気持ちでいっぱいです。

前作では、祓《はら》い、鎮魂、言霊の基本的な性質にスポットを当て、日本人としての成功のあり方、実現の仕方を現代的な見地からご説明しましたが、本書では、とりわけ「お清め」の意味をさらに一段掘り下げて説明しています。また、それを実現する魂のあり方についても前作以上に詳しく論じています。

古神道というと一見古臭く、儀式的な部分を含め何やら小難しい印象がありますが、実は全くそんなことはなく、むしろ誰にでも気軽に取り組めるものである、ということを本書ではお伝えしています。また、そのように簡潔にお伝えすることが、後世に残された私たちの使命でもあると考えています。

日本という国は、これまで世界のあらゆる文化や宗教を受け入れ、私たち日本人に理解しやすい形でそれらを利用してきました。が、案外日本に古くからある教えについては、とかく形式の世界に押し込められ、そのまま放置されてきたのが実状ではないかと思います。

見方を変えれば、そのような形でしか引き継げない特質と力をもつものであり、簡単にその極意を表沙汰にしないのが、ある意味日本的な作法だったといえます。日本の伝統芸能や武道についても同じことがいえるでしょう。

しかし、これから文明のパラダイムシフトが起きようというときに、日本が古代から継承してきた大切な叡智《えいち》を、埋もれたままにするわけにはいきません。なぜなら、そこに人類の未来を照らすヒントが隠れているからです。

大げさに感じられるかもしれませんが、まさにそのような時代に私たちは生きていて、そして否応なしに、私たち一人ひとりのあり方が試されようとしています。そうしたなか、どんな状況にあっても、それを乗り越えられる術を本書では公開しています。外柔内剛という言葉がありますが、見た目の柔らかさの奥にある真意をぜひ感じ取ってみてください。

「お清め」という概念は日本のものではありますが、これは世界中どの国の人にも通用するものです。なぜなら旧約聖書に書かれているように、世界は最も平和だった大昔、誰もがたった一つの言語を話していたといわれているからです。その言葉が何であったのかを考えることは、日本語を話す私たちのアイデンティティに光明を与えてくれるかもしれません。

読者の皆様の魂の健全とますますのご多幸をお祈りして。

小野寺潤

願いをかなえる「お清め音源」収録内容

単行本刊行時の付録CDに収録した音源と、祓詞《はらいことば》のPDFを、このQRコードからダウンロードできます。

音源制作者：YUGI　＊株式会社七沢研究所

収録音源

トラック1：清め送りⅠ（SIZIMA）　29分
トラック2：清め送りⅡ（ボーカロイド）　29分

願いをかなえる「お清め音源」とは？

この音源は、あなたとあなたのまわりの空間をお清めするために作られました。
トラック1は、鈴やせせらぎのヒーリングサウンドのみが聞こえますが、〝最強の祓詞〟といわれる4つの祓詞の周波数を乗せています。

トラック2は、聞こえるように祓詞も入っています。

そのどちらにも七沢研究所開発の**お清め効果のある音源と、祓《はら》いの周波数を乗せています。**どちらか気に入ったほうを繰り返しお聞きいただいてもけっこうです。

この音源は、脳波実験からも、**緊張状態の人がリラックスした非常にパフォーマンスの高い状態に切り替わるというデータ**が出ています。くわしくは122ページをご覧ください。

使い方

- 毎日好きなだけ流してください。BGMにしてもかまいません。
- 音が聞こえなくても、電気信号としてエネルギーが発信されるため、**音量ゼロでも効果は変わりません。**
- 音声をパソコンやスマートフォンなどの音声再生装置にダウンロードしても、効果は変わりません。

音源の詳細解説

▼ボーカロイド音声による祓詞が、高速でお清め！

祓詞は、神道で継承されてきた数々の祓詞のなかでも、もっとも祓いの力を発揮する4つの祓詞である三種祓《さんしゆのはらい》、身禊祓《みそぎはらい》、大祓《おおはらい》、一二三祓《ひふみのはらい》が収録されています。**この祓詞だけでも、あなたとあなたのいる空間を清め、負のエネルギーを一気に浄化し、「空《くう》」の状態にもっていくことができます。**

祓詞は、コンピュータで合成された「ボーカロイド音声」が唱えています。人の声には、その人自身の念やエネルギーが乗ってしまうという性質がありますが、その点、感情も体調の変化も影響しないボーカロイドの音声は、**最良の形で祓詞による浄化の力を、純粋に発揮することができます。**

また、この音源で再生される4つの祓詞には、時間の横軸方向だけでなく、縦軸方向にも同じ祓詞の周波数が封じ込められています。これは「中今」という「その瞬間」に、すべての情報が畳み込まれた状態でもあります。

従来は一秒間に何文字という情報を発信していましたが、この畳み込みにより、

瞬時に祓詞の全情報が発信できるようになりました。これにより通常の祓詞がもつ効果を、何倍にも増幅することが可能となります。

「神道は言挙げせず」といいますが、瞬間に畳み込まれた情報は、とても一言で表現できるものではありません。しかし、デジタルとの融合により、かつての以心伝心の世界が現実的に活用できるものとなりました。

▼祓詞だけじゃない、すごいお清めパワーもプラス！

この音源には、耳に聞こえる祓詞、せせらぎ（場のエネルギーのよい西沢渓谷で録音）以外に、下記の音源が組み込まれています。

【LOGOSOUND_SIZIMA「五行響《しじま》」】

LOGOSOUND_SIZIMAは、通奏低音として使用されます。この振動を体感した人の多くは「子宮の音」という表現をします。子宮の生命を生み出す場の響きは、地球の胎動であり、１３８億年前の宇宙創造の響きとつながります。実際に、この響きは、「天の響き」（惑星＝父韻・子音の周波数）と「地の響き」（地球＝母音の周波数）からなります（約6〜50Hz）。その響きは、耳で聞くというよりも体感する振動といえるものです。

その基本振動は、言語エネルギー情報を周波数化したもので構成されています。

言語エネルギー情報には、**4つの祓詞のほか、鎮魂や古事記百神、情緒バランス、健康情報、交通安全、学習記憶、良縁、幸福、ダイエット、美容などに関する言霊が含まれます。**

【ピンクノイズ】

1／fゆらぎ効果をもつ周波数の音。小川のせせらぎや自然のそよ風のように強弱を繰り返し、微妙に変化しながら、**ヒーリングやリラックスの効果をもたらす**といわれます。心臓の鼓動や細胞にも1／fのゆらぎがあることがわかり、人間にとって生理的にも受け入れやすいものとなっています。この音源には、このピンクノイズが重ね合わせて収録されています。

最強の4つの祓詞とは？

❖三種祓……先祖に感謝し、その存在を慰める祓詞。先祖の影響をすべて祓い、あなたの人生がスムーズに進むようにしてくれます。

❖身禊祓……場を整える祓詞。磁場のゆがみを調整して浄化し、清浄な空間にしてくれます。私たち自身も清め、チャンスや幸運をもたらします。

❖大祓（中臣祓《なかとみのはらい》）……現実に影響を与えている、すべてのマイナスエネルギーを祓う祓詞。私たちがもっている、あらゆる「罪穢《けが》れ」を祓ってくれるオールマイティな力をもっています。

❖一二三祓……創造への感謝を表す祓詞。数を唱えることで、宇宙の起こす創造すべてへの感謝を表します。

＊6・7ページはじめ本文中に記載のある株式会社七沢研究所ですが、現在こちらの流れはｎｅｔｅｎ株式会社が引き継いでいます。

プロローグ

願いをかなえたかったら、「祓い清め」ましょう

いにしえより日本に伝わる幸運を呼び込む方法

この本を手に取っていただき、ありがとうございます。
さあ、いますぐあなたとあなたのまわりを祓《はら》い清めましょう。
祓い清めは、すべての基本です。

「何をやっても、いまひとつうまくいかない」

「なんとなく、やる気が出ない」

「大きな壁にぶつかっている」

もう大丈夫です。祓い清めましょう。

「いいことを引き寄せたいな」

「毎日に不満はないけど、もう少しいいことがあるといいな」

そんなあなたも、まずは祓い清めましょう。

私たち日本人は祓い清めによって守られ、願いをかなえてきました。

祓い清めとは、いにしえより神道で受け継がれた技法を使って、邪気や災いをぬぐい去り、幸運を呼び込む方法です。古いエネルギーを刷新し、新しい可能性の扉を開いてくれるのが、祓い清めの力です。

祓い清める方法というと、むずかしい祝詞《のりと》などを唱えたり、何か浄化のグッズを用意したりする必要があると思われるかもしれません。

この本で紹介する祓い清めの方法は、とても簡単です。
音源をダウンロードし、ＢＧＭとして流すだけです。

この音源には、最強といわれる祓詞《はらいことば》（三種祓《さんしゅのはらい》、身禊祓《みそぎはらい》、大祓《おおはらい》、一二三《ひふみの》祓《はらい》）に、デジタル加工によって特殊な周波数を加え、より強力にバージョンアップさせています。

ただ、**聞こえてくるのはリラックスできる環境音です。**

ですので、いつでもどこでも、気軽に再生して楽しんでいただけます。

しかし、**その心地よい調べのなかには、神道の貴重な秘儀が隠されています。**

脳波実験でも証明！ 古神道の叡智×最先端の技術

神道は、いうまでもなく私たち日本人にとって、切り離すことのできない伝統の教えです。

この国の成り立ちを支え、その根幹を作ってきた大切な神道は、いまも脈々と受け継がれ、私たちの暮らしや人生と深くかかわっています。

この本でお伝えする「祓い清め」については、いまでは「古神道」と呼ばれるもののひとつである「白川神道」がベースにあります。

白川神道は、平安時代から幕末まで、宮中祭祀《さいし》を司《つかさど》ってきた白川伯王家を「神祇伯《じんぎはく》（祭司）」とする神道です。**1000年以上も門外不出とされてきた宮中関連の神事を執りおこなってきた、伝統的な神道の本流です。**

私は、白川神道の正式な継承者七沢研究所代表の七沢賢治先生のもとで、神道について、そして言霊について研究してきました。

七沢研究所とは、この白川神道による祓いの秘儀や言霊を用いた、世界でも最先端の言語エネルギー研究機関です。**日本のいにしえより伝わる叡智《えいち》と、世界最高峰の技術を融合し、多くの人々に役立ててもらっています。**

この本の音源もその叡智と技術によって生まれました。**日本古来の叡智を、最先端の技術によってデジタル化して封じ込めています。**

くわしくは3章でもお伝えしますが、工学博士の元島栖二《せいじ》先生の脳波実験でも効果は証明済です。**緊張状態の人の脳波であるβ1から、リラックス状態で記憶力もアップするようなα2の脳波に移行します。**さらに、このα2という脳波は、**願望がかないやすい脳波でもあるのです。**

これまで、知る人ぞ知る存在だった白川神道の叡智が結晶化したこの音源を、多くの人に届けられることに、私はいま大きな喜びを感じています。

あの国民的アスリートも祓いの力を知っていた!

じつは、これらの祓詞はながらく秘伝とされ、**ごく限られた人間にだけ伝えられてきました。**しかし拙書『あなたの人生に奇跡をもたらす 和の成功法則』の音源で祓詞を一般のみなさんに広く聞いていただいたところ、数々の反響が届きました。

仕事の業績が上がり昇進した/こじれていた案件がすんなり解決した/長年の目標が達成できた/ずっとあこがれていた人と仕事

することができた／結婚の夢がかなった／落ち込むことがなくなり、いつもやる気に満ちているようになった／成功するためのキーパーソンと出会えた／仕事の能率が驚くほど上がった／気持ちや意見をスムーズに言えるようになった／物事の選択に迷いがなくなった／過去最高の年収になった／やる気の有無に左右されなくなった

届いた感想はどれも、祓い清めの圧倒的な力を立証するにあまりあるものでした。

とりわけ私が感激したのが、**ある国民的アスリートの例**です。

守秘義務があるため、個人名を挙げることは控えますが、最近目覚ましい活躍で話題を呼んだそのアスリートは、音源をずっと流しつづけてくれたそ

うです。

彼は、**「自分が急に大躍進を遂げられたのは祓いの力のおかげだ」**と話しています。

たしかに、コツコツとキャリアを積み上げてきたものの、ずっと二番手グループに甘んじていた**彼は、祓いに出会い、短期間でトップへと躍り出ることができました。**

それは、祓いの力が功を奏したのだろうと私自身も感じています。

ほかにも、これまで多くの方が**祓い清めによって運を上昇させ、願いを実現させてきました。**そのなかには、名前をいえば誰でも知っているロックシンガーやコメディアン、国内外の政府機関の要人や大企業の経営者、世界的な武道家や格闘家なども交じっています。

あなた自身の使命を生きられる幸せ

ただ流すだけでお祓いができるなんて……と思うかもしれませんね。

しかし、そんなあなたも、神社で「お祓い」を受けたことがあるのではないでしょうか。そのとき、背筋がスッと伸びて、「なんだか、さっぱりしたな」「よし、がんばれそうな気がする」と感じたのではないでしょうか。

その感覚は、「ただ、そんな気がした」だけではないのです。

それは実際に、**あなた自身が清まり、古いエネルギーが祓われたから訪れた感覚**なのです。

私たち日本人がいにしえから受け継いできた祓い清めの力を、いまこそあなたの人生に生かすときです。

あなたの願いを邪魔するすべてのものを祓い、自分自身のパワーを取り戻してください。新しい運の流れは、そこからスタートします。

繰り返しますが、むずかしい手順はまったく必要ありません。とにかく「流すだけ」、聴かなくてもけっこうです。**音量ゼロでも効果は変わりません。**

もしいま、あなたの願いがまだかなっていないとしたら、あなた自身の資質や才能のせいではありません。

あなたは、**願いをかなえるために必要な力をすでにもっています。**いまよりもっと、幸せに生きられる可能性を秘めています。

このことに、**誰ひとり例外はありません。**それなのに、現実が思い通りに進んでいないとしたら、その可能性をさまたげている原因があるのです。

その原因とは、**日々生活していくなかで付着する不要なエネルギーや邪気**です。

さっそく音源を聞きながら、ページをめくっていってください。

肉体、感情、魂……あらゆるレベルで、不要なエネルギーがさっぱりと洗い流され、祓い清められます。それだけで、毎日が変わります。

心の状態が変わります。出会う人が、起こる出来事が、変わります。

そして、人生が変わります。

どのように変わるかというと、自分の願いを現実にして、経済的、物質的な豊かさを得る力を手に入れられます。しかし、それだけではありません。

その成功に執着せず、**精神的な充実感を得ながら毎日を楽しみ、自分自身の使命を生きられるようになります。**

まったく新しい自分になったあなたに、輝かしい人生の扉が開かれるでしょう。

願いをかなえる「お清め」ブック　目次

1章 何を祓い清めると、願いがかなうのか？

2章　魔をふり祓い、新しい自分に変わる方法

3章 自動的に願いが現実化する「祓い清め」の力

エピローグ　あなたが変わりはじめたサインがきます

編集協力：江藤ちふみ
株式会社ぷれす
編　集：金子尚美（サンマーク出版）
佐藤理恵（サンマーク出版）

1章

HOW TO MAKE WISHES BY PURIFICATION

何を祓い清めると、願いがかなうのか？

あなたの魂の状態をチェックしてみよう

あなたには、こんな経験がないでしょうか。

□目の前のことに集中したいのに過去のトラブルを思い出し、嫌な気分になる
□仕事中や会話中に、「あれは、どうなったかな」などと雑念がわく
□ちょっとしたことで動揺したり、つい自分の世界に入って妄想したりする
□過去へのこだわりが手放せない。将来や人のことが気になってしかたない

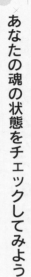

もし、ひとつでも思い当たることがあれば、**それはあなたの「魂の曇り」に原因があります。**

「え！　私の魂って曇っているの!?」とギョッとするかもしれませんね。

しかし、あなただけが特別なわけではありません。

いま、魂に曇りがない人などまずいません。

忙しい現代、私たちはやるべきことや時間に追われ、常にストレスを抱えています。

そんな時代に生きている人間の魂は、さまざまな邪気や低いエネルギーに影響され、本当の輝きを失っているのです。

でも本来、私たちの魂はピカピカに輝いています。

そして私たちは、現実を思い通りに創造する力をもっています。

信じられないかもしれませんが、あなたは自分で思っている以上の力を生まれもっているのです。

その力を発揮することを邪魔しているのが、魂の曇りです。

だから、その曇りを祓《はら》い清める必要があるのです。

この本の音源は、いまあなたの魂に付着している曇りをきれいに祓い、元の美しい状態にしていきます。

そうすれば、現実を自由に作る力を取り戻すことができるのです。

空回りしてしまうのはあなたの「五魂」がバラバラだから

では、私たちの魂はいま、どのような状態になっているのでしょう。

まず、魂の基本からお話ししていきましょう。

白川神道では、魂は5つあるとされています。

荒魂《あらみたま》、和魂《にぎみたま》、幸魂《さきみたま》、奇魂《くしみたま》、精魂《くわしみたま》の五魂《ごこん》です。

一般的には、魂は「一霊四魂《いちれいしこん》」ともいわれますが、**白川神道では「五魂」と伝えられています。**

その5つの魂は、もともとひとつにまとまり、統合されていました。**五魂がしっかりと合わさることで、私たちは現実を思い通りに作る力を得ていたのです。**

魂が磨かれていれば、五魂はピタッと統合され、体の収まるべきところ（丹田：へその下）に収まります。

しかし、さきほどお話ししたように、私たちの五魂は、さまざまな付着物がある状態です。**魂によけいなエネルギーがつくと、ひとつになることがで**

きず、バラバラになってしまいます。

たとえば、やわらかなゲル状のボール同士を合わせると、ぴったり接着しますね。

でもボールの周囲がゴミやホコリだらけだったら、どんなにギュッと押しつけても、ボールはけっしてくっつきません。

それと同じように、付着物のある五魂はひとつにまとまらず、バラバラに離れてしまいます。そして、フワフワと宙をさまよいはじめます。まさに、「心ここにあらず」になってしまいます。

いま私たちの五魂は、単に曇っているだけでなく、体から出て、フラフラとさまよっている状態なのです。

脅すわけではありませんが、ある意味、現代人の魂は「危機的状況」にあるといってもいいでしょう。

普段あなたも、ついネットやSNSが気になって注意力が散漫になったり、ほかのことに気をとられて、うっかりミスをしたりすることがあるかもしれません。

神道的に見れば、それは、五魂がバラバラになっているからだといえるのです。

そんな上の空のままで、「願いをかなえよう」「成功しよう」と表面的にがんばっても、その努力は空回りしてしまいます。

あなたが、どんなに願いをかなえたくても、あるいは、身を粉にして必死に精進しても、本来の力を発揮できず、思い描いている理想を実現することがなかなかできないのです。

本来の自分に戻るお清めの効果

いまフラフラさまよっている5つの魂を、きちんと本来収めるべきところに収めましょう。**祓い清めの力によって、それを可能にします。**

そうすると、それまで人や周囲の環境、起きた出来事に影響されて右往左往せざるを得なかった人生が一変します。

自分の中心が定まり、多少のことではぶれない自分になります。精神的にも、エネルギー的にも、自分という存在がしっかり確立されるからです。

そもそも、それが本来のあなた。

願いを望み通りにかなえる力をもっているあなたです。

本来の自分に戻るための神道の奥義が、この本の音源には詰まっているのです。

五魂が祓い清められるとどのような変化が起こるのか、これから順を追ってお話ししていきましょう。

ここで少しだけ先取りして、魂が「磨かれていない状態」と、「磨かれている状態」の違い、そのメリットとデメリットをまずお伝えします。

★魂が磨かれていない状態のデメリット

- 本当に欲しいものがわからず、迷いが多い。欲しいものを勘違いする
- いつも情緒不安定
- 表面的には成功しても、精神的には満たされない
- 自分の使命がわからない
- 人間関係に不調和が起きる

・勉強や仕事の効率が悪い。習い事がなかなか習得できない

★魂が磨かれている状態のメリット

・自分が本当に欲しいものがわかる
・情緒が安定して、穏やかな気持ちで過ごせる
・幸せに成功できる
・自分の使命がわかる
・調和的な人間関係が保てる。一時的な不調和が起きても調整される
・勉強や仕事の効率が上がり、習い事の習得が早い

両者の違いは、一目瞭然ですね。

魂の付着物が祓われると、自動的に後者の状態になっていきます。

その結果、**精神的にも満たされて充実した毎日を送りながら、願いをかなえていけるのです。**

イライラがなくなり、毎日リラックスできるようになる

変化が始まる時期や度合いは、その人の状況や意志によってまちまちです。

しかし、最初にみなさんが口をそろえておっしゃる感想があります。

「イライラや焦りが減り、日々の気持ちが明るくなった」

「ネガティブな思いを引きずらなくなった」

「ひとつのことにとらわれて堂々巡りをすることがなくなった」

つまり、まず心が安定し、毎日をリラックスして過ごせるようになったという感想がもっとも多いのです。

また、**「人と自分を比較して落ち込んだり、嫉妬に悩まされたりすることがなくなった」**という声もよく聞きます。

この本の音源は、魂を自動的に掃除してくれるクリーナーの役目を果たします。

厳しい修行をしたり、自分自身を深く見つめたり、自己改革したりする必要はありません。

音源を流しているだけで、自然に魂が磨かれます。

早い人では、音源を流しはじめた日から心境の変化を感じる方もいらっしゃいますが、変化はその人によって必ずベストなタイミングで現れます。

そこでまず起こるのは、心の平安が得られることです。

ぜひ、ご自身の心境の変化を意識しながら聞いてみてください。

場所がもっている見えないエネルギー

魂を磨くことの重要性をお伝えしたくて、つい先走ってしまいました。

話を戻して、私たちの魂がなぜいま曇っているのか、その原因を解き明かしていきましょう。

私たちが過ごしている環境には、じつにたくさんのエネルギーが存在しています。

たとえば、**場所そのものがもつ波動、人の「念」、また、さまざまな理由で引き寄せられてくる目に見えない存在のエネルギー**などです。

もちろん、それらのエネルギーは目には見えません。

しかし、確実に存在します。

たとえば、ラジオやテレビ、携帯電話などの電波は目には見えませんが、それらが存在するからこそ、音や映像が視聴できるわけですね。

実際には見えなくても、エネルギー的に見れば、この空間にはありとあらゆるレベルや性質のバイブレーションが存在し、私たちに影響を与えているのです。

そんな「場」のエネルギーを、私たちは敏感に感じ取っています。

たとえば、つぎのふたつの場所にいる自分を想像し、比べてみてください。

- 都会のゴミゴミした繁華街や満員電車のなかにいるとき
- さわやかな風の吹く海岸や静かな森にいるとき

人混みのなかにいるときは呼吸が浅くなり、どこか緊張しているはずです。

しかし、自然のなかにいるときにはリラックスして、心身ともにゆったりと過ごしていると思います。このように、**場所によってあなたが感じるリラックス度や快適度は、まったく違っています。**

また、ホテルの部屋や飲食店に入ったとき、「ここは居心地よくて最高！」「この部屋はなんとなく嫌な感じがする」などと、直感するものです。

これも私たちが、場のエネルギーを無意識のうちに受け取っている証拠です。

空間に存在するさまざまなエネルギーは、私たちを取り囲み、浮遊している五魂に付着します。そして、曇りの原因となっていきます。

人の出している思いのエネルギーをお清め！

場のエネルギー以外にも、私たちのまわりには、見えないけれど私たちに影響を与えるエネルギーがあります。

そのひとつに、人が発する「念」があります。

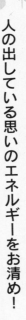

念とは、その人が心のなかで考えていることや思っていることで、無意識の感情も含まれます。

人が出している「思い」のエネルギーは、確実に周囲に影響を与えます。

たとえば、同じ部屋にいる人がイライラしていたり、誰かに対して攻撃的な気持ちをもっていたりしたとします。

すると、その人が表面上は普通に過ごしていても、一緒にいる人たちは、その念をキャッチするのです。

さらに、過去その場所にいた人がネガティブな思いを発していたら、そのエネルギーは同じ場所に残りつづけます。

人の念は思いのほか、やっかいです。

遠く離れていても、あるいはこの世から去っていても、**相手のことを強く思っていれば、ポジティブ・ネガティブにかかわらず届く**のです。

ポジティブな例でいえば、アメリカでおこなわれた有名な「祈り」の実験の報告があります。

離れた場所から複数の人が祈りを送った結果、町の犯罪率が減少したり、特定のグループの妊娠率が上昇したりしたというものです。

しかし、人の思いはポジティブなものだけではありません。

どちらかというと、ネガティブな思いのほうが強く、また、相手にダメージを与えます。意識していなくても、他人の念が、いつの間にか魂の付着物となっている場合もあるのです。

とはいえ、**自分自身が清められていれば、その念をはね返せます。**

むやみに怖がる必要はありません。

ただし、人の念によって、心の状態や運が左右されることがありますから、無防備なのは考えものなのです。

空間にただようネガティブエネルギーをお清め！

ほかに、空間には低級な存在のエネルギーもあります。

こういうと、「それって、オバケや幽霊のことですか!?」と怖がる人がいます。

たしかに、そう呼ぶこともあります。**人や動物の霊も含めて、この世に、そういった低レベルのエネルギーが存在することは否定できません。**

しかし、それらの存在は普通の日常生活を送る限り、重大な影響を与えるわけではないので安心してください。

ただし、これもあなどるのは危険です。気づかないうちに魂の輝きを奪い、私たちの足を引っ張るからです。

「普段楽しく暮らしている空間に、そんなものがあるなんて」と不安にさせてしまったかもしれませんね。もし、そうだとしたらお詫《わ》びします。

でも、**まず現実について正しい知識を得る。それが人生で願いをかなえていくための最初の一歩です。**

ですから、あえてお伝えしましたが、この本の音源で祓い清めをすれば怖《おそ》れるには値しないので、安心していただければと思います。

また、願いをかなえたいのなら、祓い清めによって魂をきれいにしていかなければなりません。

そうしない限り、付着物であるエネルギーの「ゴミ」は溜《た》まっていく一方です。

だから、**日々それらのゴミを祓い、心身を清めていく必要があります。**

このことは、しっかりおさえておいてください。

先祖から受け継がれてきたエネルギーをお清め!

神道では、先祖の存在も、私たちの人生に影響を与えると考えます。

あなたは、十代前までさかのぼると先祖が何人いるか知っていますか？

単純計算で、**ひとりに対して２０４６人もの先祖がいる**ことになります。

２０００人以上もの先祖がいるのですから、当然、なかには子孫によい影響をもたらす人もいれば、そうでない人もいたでしょう。


社会状況も倫理観も違った時代です。

先祖の価値観はいまの生き方とはずいぶん違ったはずです。いまさら、それに異を唱えてもしかたありません。

しかし、彼らの生き方やおこないのツケは、まわりまわって子孫である私たちに巡ってきます。それがいい影響であれば問題ありません。

けれども、**悪い影響はきちんと祓わなければ、せっかくいまの人生であなたががんばっても、なかなか結果が出ない**場合もあるのです。

たとえば、先祖がどういう亡くなり方をしたかによって、それが子孫の病気に影響を与える場合があります。

あるいは、先祖が果たせなかった夢を子孫が追いかけるということも、よくあります。「お金儲《もう》けをしたかったのにできなかった。だから、どんな手を使ってでもお金を手に入れないと気が済まない」というように。

そこで神道では、さまざまな技法によって先祖の影響を祓っていきます。なかでも、この本の音源に収められている「三種祓《さんしゅのはらい》」には、**先祖の魂を慰め、浄化する強力な力があります。**

遠い墓所へ通ったり、お経を何度も唱えたりしなくても、音源をただ流しつづけるだけで先祖供養ができ、またその呪縛から自由になれるのです。

固定観念が出すエネルギーをお清め！

じつは、魂（たましい）という読み方自体が、私たちの五魂が真の姿ではないことを表しています。正しくは、「魂」という文字は「たま」と読むのですが、いまは「たましい」は「たま・しい」に分けられますね。

「たま」は、高貴な球を表す「珠」に通じるように、美しく磨かれた状態を表します。

では、「しい」は何かというと、「思惟《しい》（思考）」や「死んでいる状態」を意味します。つまり、本当は透明に澄みきった尊い珠が、思考によってどんよりと生気なく曇っている状態、これが「たましい」なのです。

もちろん、思考は生きていくうえで必要です。

人間が頭を使って考えるからこそ、文明が発達し、現代社会は発展してきました。

ただし、いまその思考が、自分中心な考えにかたよりすぎているのです。

かたよりの原因は、**育った環境や親、教師の影響（念）などで、五魂に付着したエネルギーのゴミやホコリです。**

また、さきほどお話しした周囲にいる人の念などのネガティブなエネルギーの影響もあります。

私たちの思考は、自分自身の価値観や信念がベースとなっています。

それは、**育つ過程で他人の価値観に影響されて、知らず知らずのうちに身につけてしまったものなのです。**

そんな思考にのっとられてしまうと、魂は真の輝きを失ってしまいます。

魂の付着物を祓って清めない限り、人間はそのときの条件や状況に影響された思考によって動かされ、一生、右往左往しつづけなければなりません。だから**魂を磨き、「しい」をきれいに取り払って「たま」にしなければならないのですね。**

当然ですが、**魂がきれいなほうが、願いをかなえる力は強くなります。**よけいなもので曇った魂より、ピカピカに磨かれ、生命力にあふれた魂のほうが力をもつ。これは誰もが納得できるでしょう。

磨かれた魂がどんなものなのか、実際は想像もつかないかもしれません。でも、無垢《むく》でキラキラ輝く魂をもった人間は身近にいます。

そう、赤ちゃんです。新生児はもちろん、自我が目覚める1、2歳ごろまでの赤ちゃんの魂は、一点の曇りもなく光り輝いています。どこをとってもピュアでまっさらな状態です。

だから、ネガティブな念やエネルギーと接触しても、それが魂に付着することはありません。スルッと通り抜けていきます。

けれど、自我が芽生え、「私」という感覚が生まれるとそうはいきません。自我がひとつの磁石となり、成長するにつれて、さまざまなものをつけていくのです。しかし、**祓い清めつづけると、思考のかたよりが調整され、魂は輝きを取り戻します。**

そうすると、魂は「たま」になり、思考のバランスもとれてくるのです。

ポジティブなものすらお清め!

私たちの先祖は、魂の汚れを祓い、磨くことの大切さを知っていました。

神道は、「祓いに始まり、祓いに終わる」といわれています。

これまで神道は、祓い清めの力を使って、多くの人々の魂を清め、不運やトラブルから守り、願いをかなえてきました。

私たちが教わってきた常識では、願いを形にするためには、努力や知識の「積み重ね」が大事でした。

しかし**神道では、「積み」は「罪」につながります。**

神道では、人間の感情や思いは、すべて不要なゴミだとされています。

ですから、祓うのは、ネガティブな感情だけではありません。

ポジティブな感情であっても、神道的に見れば「ゴミ」であることに変わりはないので、すべてを祓っていきます。

積み重ねではなく「積み減らし」。つまり、**積み重なっていくエネルギー**

をすべて祓うことによって日々新たにし、魂を常に清浄な状態に保つことが重要なのです。

だから、神職によってきちんと整えられている神社の境内や本殿は、ゴミひとつありません。物理的にもエネルギー的にも、適切に祓い清めがおこなわれ、いつもクリーンな御神気に満ちています。

ポジティブな感情や思いは、一見よいもののように感じるかもしれません。しかし、何かが起きるたびに一喜一憂したり、物事に執着して堂々巡りをしたりしていたら、それが大きなエネルギーロスになるのです。

迷いや怒り、嫉妬心や不安はもとより、喜びや達成感、そして、出世欲や物欲……。すべてを祓うことで、私たちのエネルギーは軽やかになるのです。

ネガティブなこともポジティブなことも祓うことで、感情の波や揺れがき

れいに洗い流されていきます。

すると、過去や未来といった時間の概念を超えて、ただ「いま」がある状態になります。「いま、ここを生きる」とよくいいますが、まさにその生き方になります。

この状態で生きることを、神道では「中今」を生きるといいます。

中今を生きられるようになると、**あらゆることに対して、こだわりや執着がなくなります。**

「いま、この瞬間」を生きられるようになるので、過去の出来事や将来への不安、他人の言動、自分の性格や資質などへのとらわれがなくなるからです。

その結果、**自分自身が作っていた枠から解放されて、自由な発想やひらめきが生まれます。**それが、願いをかなえるための大きな推進力となっていくのです。

そして、赤ちゃんのような魂の輝きが戻ってくるのです。

もちろん、日常生活でいろいろな感情がわくのは、人間にとって自然なことです。

祓い清めによって、何も感じない無反応な人間になることを目指すわけではありません。感情に振りまわされてしまうことが問題なのです。

欲しいものをつかむには、手放しつづけること

いいことも悪いことももとにかく祓って、クリアな魂を目指すのが、神道の根幹です。しかしそうお話しすると、「そんなに何でも祓ってしまって大丈夫なんですか!?」と、不安そうな顔で質問される方がいます。

大丈夫どころか、そうしなければ、真の成功や幸せはつかめません。

もしあなたがいま、本当に欲しいものをもっていて、十分に満ち足りた状態であれば、このままでも問題はないでしょう。

しかし、そうでないのであれば、**望むエネルギーを得るためには、まず先に、すべてをいったん「ゼロ」にする必要があるのです。**

たとえば、自分の部屋を模様替えして理想の部屋にしたいと思ったとします。

そのとき、古く薄汚れた家具や気に入らないインテリアをそのままにした状態で、希望通りの部屋ができるでしょうか。

思い切ってすべて処分しなければ、本当の意味で、いまのあなたが心地よく過ごせる新しい部屋はできないはずです。

同じように、いまあるものを手放さなければ、望むものを得るスペースは生まれないのです。

デジタル化すれば日々祓いつづけられる

また、祓い清めは、「一度やれば終わり」ではありません。

生きていれば、日々エネルギーのゴミやホコリは蓄積していきます。

私たちは、長い歴史のなかでたくさんのものを溜め込んできました。その汚れが魂に食い込んで、取れにくくなっている場合もあります。

ですから、毎日神社に行って祝詞《のりと》を上げてもらったり、祓詞《はらいことば》を唱えたりする必要があります。でも、つづけるのはむずかしい方がほとんどではないでしょうか？

だから、**最先端の研究によって祓詞をデジタル化したのが、この本の音源なのです。**

流しておくだけなので、誰でもできますよね？

できれば毎日、音源を流しつづけることをおすすめします。

それがむずかしい場合も、季節や暦の節目に流すことはできるでしょう。

思い出したときだけでもかまわないので、継続して流しつづけていただきたいと思います。

想像してみてください。

1日の終わりにお風呂に入らなかったとしたらどうなるでしょう。

その日の汚れは溜まりつづけ、2日、3日……と続くうちに、大変なことになるのは目に見えています。

魂に付着した「汚れ」も同じです。

祓いつづけなければあっという間に蓄積します。

そして、その「汚れ」が溜まれば溜まるほど、人生の足取りは重くなってしまいます。だから、エネルギーを刷新しつづけ、常に清浄な魂で生きることが大切なのです。

神道の世界観にある「5次元」の存在にアクセス

すべての曇りが祓われていくと、私たちのエネルギーは「空《くう》」の状態になります。

すると、**「願いを自由自在にかなえる次元」にアクセスできるようになります。**

その状態で、言葉（言霊）を発することによって「現実を思い通りに作る力」が発動します。

このふたつのプロセスこそが、祓い清めによって願いをかなえる方法なのです。

では、願いをかなえる次元とは何でしょう。

その次元を、量子物理学では「5次元」と呼んでいます。

伝統的な神道の話をしていたのに、いきなり物理学が出てきたので戸惑うかもしれませんね。

しかし、神道における願望実現のプロセスは、とても科学的な側面があるのです。といっても、そのしくみはむずかしくありません。

「2次元」「3次元」という言葉をあなたも聞いたことがあると思います。

平面が2次元、立体が3次元ですね。

3次元に時間軸をプラスした4次元が、私たちの存在するこの現実世界です。

神道では、その4次元を生み出す世界があると考えます。

それが、「5次元」なのです。

もちろん人間が、目や耳で5次元を確認することはできません。

しかしそれは、確実に存在します。正確にいえば、5次元があるからこそ、4次元が存在するのです。

たとえば、4次元がひとつの「箱」だと考えてください。

その箱を存在させる「場」が、5次元です。

5次元にアクセスしてその情報を変えることができれば、必然的に4次元（現実）は変わります。なぜかといえば、5次元という「場」があってこそ、4次元が成立しているからです。

その5次元にアクセスする方法が祓い清めであり、情報を書き換えるツー

ルが「言葉（言霊）」なのです。

願いがかなうプロセスは「祓いがあって、結びがある」

このプロセスを、神道では「産霊《むすひ》」＝「結び」といいます。

結びの力とは、別の言い方をすると、「物事を成就させる力」です。

この「産霊＝結び」が神道の根幹であり、願いをかなえるためのポイントであり、そのためにまず必要なプロセスが、祓い清めなのです。

結びの力を、小麦粉を例にしてお話ししましょう。

小麦粉をボウルに入れて揺すると、表面にいくつもの小さな粒ができて、次第に大きくなっていきます。

これは、振動を与えることで小麦粉の粒子がかたまり、目に見える粒になっていく現象です。**現実もこのように作られます。**

5次元という「場」にアクセスし、あなたが作りたい現実（願い）を言霊として伝えて振動を与えます。

すると、思い通りに「結び」の現象を起こして、現実を作ることができるのです。

ちなみに**5次元の存在は、物理学者によって提唱され、いまや量子物理学の世界では常識になっています。**

多くの科学者たちが研究を積み重ねた結果、「5次元があると仮定しなければ、4次元は存在しない」という結論に達し、論文や関連著書が多数発表されているのです。

日本人は、最先端の科学で注目されている5次元に、いにしえから祓い清めによってアクセスし、願いをかなえてきました。

この事実は、驚きに値するといえるでしょう。

人はみな現実を作る「神」だった

ただ正直なところ、あなたはまだ「そうはいっても、自分にそんな力があるのかな……」と、自信がもてないかもしれません。

もちろん、あなたの魂が曇った状態のままであれば、どんなに願っても、また努力しても、現実を自由に作る力は得られないでしょう。

しかし、その曇りがぬぐい去られ、五魂がしっかりひとつになれば、話は違います。

思いもつかないルートやスピードで、あなたは自分が望んだ現実を形にしていくことができます。
なぜなら、私たち人間はもともと現実を自在に作る力をもっているから。
言い換えれば、「神」だからです。

自分が、そんな大それた存在であるわけがない。
多くの人は、そう思うはずです。しかし神道では、**人はみな神であると考えます。**

その理由を端的にお伝えしましょう。

それは、人が「自然の一部」だからです。
古来、日本の神道では自然を神として奉《たてまつ》ってきました。
いまも、山や岩、樹木、滝などをご神体とする神社が数多くあります。
「八百万《やおよろず》の神」という言葉に象徴されるように、自分たちを取り囲む森羅万象をうやまい、それらとともに生きてきたのです。

そのような背景のなかで、自然の一部である人間自身も神であると認識されてきたことに不思議はないでしょう。

いま神社の拝殿には、丸い鏡がご神体としてまつられていますが、そこには、**「鏡に映った人間が神である」という意味が込められています。**

念のためにいうと、人間が「神の力」を借りて、現実を作るのではありません。

また、自分自身のなかに、「内なる神」が存在するわけでもありません。

「自分」が神なのです。

ほかの誰でもなく、あなた自身が現実を作る力をもっているのです。

神様になるなんて大げさだと感じますか?

それなら、**「本来の自分」に戻るのだと考えてください。**

「何でも思い通りに現実を創造できる力をもっていた、その自分に還《かえ》るのだ」と考えてください。


いまあなたは、もう音源を聞いているでしょうか？

もしそうだとしたら、祓い清めのプロセスは始まっています。

そのプロセスを進め、現実を変化させていくために、これからあなたがやるべきことがあります。

2章では、その「やるべきこと」についてお話ししていきましょう。

2章

魔をふり祓い、新しい自分に変わる方法

HOW TO MAKE WISHES BY PURIFICATION

「決めること」で、魂は強くなる

これからあなたは、この本の音源を聞きながら祓《はら》い清め、望む現実を作っていきます。その際に、欠かせないことがあります。

それが、「決める」ことです。

神道では「決めること」が大事だとされてきました。

そのための神事における技法や所作も、きっちり定められています。

「祓う」という行為は、言い換えれば、祓うと「決める」ことであり、祓《はらい》詞《ことば》は、決めるための宣言だといえるのです。

すべてを祓って、願いをかなえると決める。

まずは、このように意思決定してください。

そこから、祓いと願望達成へのプロセスが本格的に機能しはじめます。

人の一生は、ある局面においてどんな決断をするかで、180度変わります。

人生は、自分自身の決定によって作られるといっても、過言ではありません。

もちろん、ときに想定外のアクシデントが起こることはあります。

それでも根無し草のように、運命に揺られているだけでは、人は生きていくことはできません。たとえ不本意な状況であっても、どこかの時点で、私たちは誰もが、自分自身で人生の選択をしているのです。

それが何を意味するのか。とりもなおさず、**これからの人生も、あなた自身が決められる**ということです。

あなたが決めさえすれば、その通りの人生が作られます。

ひとりの人が何かを「決める」のは、それほど意味のある行為です。ときとして、**その人が生まれもった運命を変えることさえできます。**

「決める」ことは、人生を作るために、まっさきに使えるツールなのです。

2章では、この決める行為がもつ力と、人生で成功していくための「決め方」のコツについてお話ししていきましょう。

迷いや焦りがあると「魔」が入り込む

決める行為には、さまざまなレベルがあります。

身近な例でいえば、朝起きてまず何をするのか。カフェやレストランで何を注文するのか。あるいは、買い物でAとBどちらの商品を選ぶのか。

また、仕事ではどの作業を優先し、何を後まわしにするのか。あるいは、どこに営業をかけ、会議やプレゼンで何を話し、どんなふるまいをするのか。

そして、人生においては、誰とともに、どこで過ごすのか……。

いままでも、私たちはそれなりに日々さまざまなことを決め、選択しながら生きてきました。

しかしそのなかで、「自分はこれでいいのかな」と迷ったり、「このままでは本当にやりたいことができない」と焦ったりしたことがなかったでしょうか。

また、食事や買い物の際のささいな選択もできずに、時間がかかったことはなかったでしょうか。

迷いや焦りがあると、そこに「魔」が入ってきてしまいます。

魔とは、1章でお話しした低級なエネルギーや人の念などです。「Aにしようかな、それともBかな」とフラフラ迷っている心のすき間に、「魔」はスッと入り込みます。

そして、エネルギーをロスさせたり、本当ならしないはずの選択をさせて人生を混乱させたりしていくのです。

しかし、**自分で「こうする」「これを選ぶ」と決めている人には、魔が入ることはありません。**

決めることによって、バシッとエネルギーがブロックされるので、よけいなものがつけ込む隙がないからです。

だから、人生で成功していくためには、まず**自分がどう生きるのか、何を願い、何を目標とするのかを、自覚的に決めなければなりません。**

また、人生のあらゆるレベルで日々何を選ぶかを、自分自身ではっきりさせなければなりません。

実際、いつまでもグズグズ迷っている人は、五魂《ごこん》が曇り、収まるべきところでひとつにまとまっていない人です。

逆にいえば、いままでなぜ、**私たちの魂が収まるべきところに収まっていなかったかといえば、「自分はこのように生きる」と決めていなかったから**です。自分自身でしっかり決めていないと、人間はどうしてもフラフラと迷い、ぶれてしまうのです。

迷いの原因は、魂についている余分なエネルギーです。それを取り除けば、自動的に「決められる人生」へと変わっていきます。

つまり、**祓い清められていればいるほど、強い意志をもって、人生の決断を下していけます。**

ですから、まずこの本の音源で祓い清めをおこない、「決められる自分」になりましょう。そこからすべてがスタートします。

新しい人生を選び取る瞬間は、静かな気持ち

私自身もこれまで、決めることによって大きく人生を変えてきました。

もともと一般企業に勤めていた私が、紆余《うよ》曲折を経て、七沢研究所の研究員になるまでには、いくつかのターニングポイントとなる出会いがありました。

そのたびに私は、**それまでの立場をきっぱり離れ、仕事や仕事相手を新たに決めてきた**のです。

ただし、その際に失うものが大きかったのも事実です。具体的にいえば、それまで積み上げたキャリアや人脈、スキル、報酬などです。

しかし、得ていたものをすべて失うとわかっても、新たな選択をやめようとは思いませんでした。なぜか。「決めた」からです。

そういうと、考えに考えて、人生を変える大きな決断をしたように思うかもしれません。**でも決めたのは、ほんの一瞬です。**

どのタイミングであっても、また、それが人生を１８０度変えることであっても、「この人と仕事しよう」「この仕事を始めてみよう」と瞬時に選んできたのです。

それは、「決めた」という言葉すら使わず、**過去の知識や知性を超えた深いところでパッとひらめくように「決めて」いる感覚でした。**

そんなふうに、抵抗感や不安はなく、それ以前のものをすべて捨てて新しい世界へ入っていけたのは、過去の自分を超えた新しい世界へ進むおもしろさや興味があったからです。

振り返ると、ワクワクするような高揚感はありませんでした。

どちらかというと、**むしろ静かな気持ちで、新しい人生を選び取ってきた**

のです。

決めれば自分のエネルギーが変わる

数年前に、講師としてセミナーを始めたときもそうです。

それまでの私は、人前で話すのは大の苦手で、結婚式のスピーチさえ断りつづけてきました。しかし、研究所で新たにセミナーを開始することになり、**自分の世界にまったくなかった「人前で話すこと」をやってみようと決めた**のです。

それまでは、どうしても人前で話さなければいけないシチュエーションでは上がってしまい、しどろもどろになっていた私です。

いきなり、大勢の前で講義をするのは、無謀といえば無謀でした。まったくの未経験ですから、自分がどこまでできるか想像もつきません。

しかし、だからこそ魅力があると私は思いました。

じつはこのとき、あれほど人前で話すのが苦手な自分が、どこまで講師として通用するだろうと実験してみたい気持ちもあったのです。

ところが、いざセミナー当日になると、怖さや照れは、まったくありませんでした。**不思議なことに、緊張も一切しませんでした。**

この体験によって、決めることの力を私は身をもって体験したのです。

決めてしまえば、自分の発するエネルギーが変わり、心がまえも変わります。

ですから行動も変わり、結果が変わるのは当然です。もちろんそんな私を、**祓い清めの力が後押ししてくれた**ことはいうまでもありません。

自分さえ「これをやる」と決めてしまえば、怖れや不安は、自動的にこの音源が祓ってくれます。

あなたが決めたことに対して、力強いサポートとなるのは間違いないでしょう。

「自分は○○する」の決断で「宇宙の中心」にいる存在になれる

ある会社のトップ営業マンも、決めることによって、自分の可能性を最大限に引き出して成功したそうです。

彼は常に、**自分の売上を先に決めていたのだそうです。**すでに決まっていることなので、人と会っても緊張しないし、堂々と話せる。だから、自信をもって契約までスムーズに持ち込めたといいます。

もし彼が、売上を先に決めていなかったとしたら、きっと「あわよくば、契約が取れるといいな」という姿勢で営業に臨むことになったでしょう。

そのような卑屈さは、すぐ相手に伝わります。それは当然、成績にすぐはね返ったはずです。

このように、**決めることには、人のパフォーマンスを上げ、軽々と目標を達成させる力があります。**

じつは、**「自分は○○する」と決めることによって、私たちは「宇宙の中心」にいる存在になれるのです。**

そして自分が主軸になって、物事を展開させられるようになるのです。

なぜなら神道では、**自分の意志を発動することで、自分自身が世界を動かせるようになる**と考えるからです。

たとえ、それが他人や情報に影響されて決めたことだとしても、かまいません。

「決めることそのもの」に価値があり、意味があります。

神道では、人間であることの一番の価値は何かといえば、「決められる」ということなのです。

逆に、何も決められない人間は、神道的に見れば、「人間にあらず」といってもいいほどです。

せっかくすばらしい力があるのに、まったく使っていないのは、ただ流されているだけの存在ですから。

願い事の変更は「宣り直し」でやり直し可能

もしいったん決めたことに違和感を覚えたら、それを撤回して、新たに決め直してもまったく問題ありません。

神道では、これを「宣《の》り直し」といいます。

宣り直しとは、祝詞（祓詞）を上げる際に途中で間違えた場合、間違えたところからやり直すことです。

儀式だから、絶対に間違ってはいけないなどとは考えません。**神道の世界は、きわめて柔軟なのです。**

人生においても、一度決めたら、決死の覚悟でやり抜くとか、絶対に間違った選択をしてはいけないなどというわけではありません。

決めることを大げさに捉えず、もっとフレキシブルに考えていいのです。

ただし、私たちがこのままでいいというわけではありません。

いま、何が一番問題かといえば、多くの人に「決める」という概念がないことです。

なんとなく漫然と生きている。日々、無意識のうちに流されて過ごしている……。

これでは、魔が入り放題です。

私たちを取り巻く低レベルのエネルギーや邪気などに、自分自身をコントロールされてしまいかねません。

何よりも、いくらあなたが「願いをかなえたい」と望んでも、**何を願うかをきちんと決めていなければ、その思いが結実して、運命の扉が開くことはないでしょう。**

だから、この本の音源を流して迷いやためらいを払拭してください。

すると影をひそめていた決断力が息を吹き返し、「決められる人」になっていくはずです。

日本人は、抜群の決断力と意志力をもっていた！

それでもあなたは、「これから、自分で意思決定をしていくことができるだろうか」と不安かもしれません。

しかし、自信をもってください。

われわれ日本人は決めることに関して、抜群の能力をもっていました。

歴史をひもとくと、武将から庶民まで、決め事を守り抜く意志力やいざというときの決断力には、傑出したものがあることがわかります。

かつては、人が一度「決めた」と宣言したら、それは絶対的なものでした。

そして**その決定や約束を守ることが、日本人の美徳であり、国民性だったのです。**

そんな日本人の気質について、ひとつだけ例を挙げましょう。

戦国時代屈指の名将、武田信玄に仕えた家臣たちのエピソードです。

武田軍では代々、君主の前で自分の決意を述べた後、**「ご照覧あれ」と宣言する習わし**があったそうです。

これは、「どうぞ、ご覧ください」という意味ですが、その宣言は、君主と家臣の「絶対の約束」となりました。

武田家の武士たちは、ときには命さえかけて、その約束を守り抜いたのです。

武士たちだけではありません。

農民や商人も、それぞれに自分の生まれに基づいた本分にのっとって生き方を決めました。農民なら農民らしく、商人なら商人の価値観に沿って。

また身分を問わず、コミュニティのなかで、お互いの決めた約束事を守り抜く気風がありました。

その伝統は脈々と受け継がれてきました。昭和初期ごろまでの日本人には、自分や相手が決めたことを尊ぶ精神性があったのです。

ところが終戦後、日本人のそんな美徳は次第に失われていきました。

戦後日本では、西洋化に拍車がかかり、物質中心の価値観が浸透していきます。

そのなかで、共同体のなかの人間関係が分断され、核家族化も進みました。

その結果、古来続いてきた知恵の伝承が途絶えてしまったのです。

一言でいえば、**現代の日本では「決める」ということの重みが、まったく変わったのです。**

いったん決めたことが、簡単にくつがえされる。あるいは、自分で決めたことを貫かない。

いまの日本では、そんな風潮が強まっているように思えます。何よりも、さきほど話したように、「決められない人」が増えてきました。

もちろん、近代化が進んだことによって、この国は豊かになり、先進国の仲間入りを果たすことができました。ですから、一概に戦後の傾向が悪いといっているわけではありません。

しかしいま、正直なところ、日本人ならではの決断力や潔さが薄れているのではないかと思えてなりません。

ただし、希望はあります。

私たちの精神の奥底には、先祖から受け継がれてきた精神性が残っているのも、また事実です。世界的に見ても、日本人が約束を守る民族であることに異議を唱える人は少ないでしょう。

だから私たちは、**先祖がもっていた決断力や意志力を思い出すだけでいいのです。**

もっといえば、自分たちは「決められる精神性」をもっているのだと気づくだけでいいのです。

稲妻のように瞬時に影響を及ぼす意志の力

決めることの力について知ったあなたは、「よし、今日から○○すると決めるぞ!」と「決めて」くださったかもしれませんね。

それは大変うれしいのですが、ひとつ確認しておかなければなりません。

「決めたと思うこと」と、「決めること」は、まったく違うのです。

「決めたと思うこと」が「意思」、「決めること」は「意志」。

このように理解してください。

読み方はどちらも「イシ」ですが、両者は別物です。

ここで、「意思」と「意志」の違いをはっきりさせておきましょう。

「意思」は、文字通り決めたことに思考が混じっています。考え事が頭のなかでモヤッとしていて整理できておらず、決意よりも弱い状態です。

一方「意志」には、「志《こころざし》」があります。迷いがありません。

この言葉は、一瞬にして天を走る稲妻のように、瞬時にまわりに対して影響を与える力をもっています。

本来「決める」とは、この意志の力を発動させることなのです。

しかし、いまの私たちは、「思考」と「決めること」の境界線があいまいになっています。だから、本当の意味で「決める」とは何かを理解する必要があるのです。

もちろん、考えること自体が悪いわけではありません。

熟考して、物事を決断する場合もあります。

ただし、思考している段階では、いくら時間をかけ、集中して考えつづけても、何も影響力をもちません。

はっきりいえば、**「問題を解決したい」「願いをかなえたい」と、もんもんと考えている時間はすべて無駄になっている**といっていいでしょう。

また、思考に頼りすぎると、思わぬ落とし穴があります。

思考とは、結局は「自分の過去の経験を参照すること」です。

自分では精いっぱい考えているつもりでも、じつは、過去にやってきたことや、蓄積した知識を引っ張り出してきているだけ。つまり、自分自身の経験や知識という限られた情報を参考にしているだけにすぎないのです。

だから、どんなに考えつづけても、運命をダイナミックに変えるための新しいアイデアや、状況を打破する斬新なヒントはまず生まれません。

それだけでなく、**考えれば考えるほど過去に引っ張られて、身動きが取れなくなる場合もあります。**

創造的な人生を生きたいのなら、**ふとしたひらめきや直感を大切にしたほうがずっといいのです。**

また、偶然目にした本などの情報や出会いに、願いをかなえるためのヒントがあることもよくあります。

往々にして、そんな情報やインスピレーションをキャッチしたとき、稲光がピカッと光るように、瞬時に決める意志が生まれるものなのです。

願いをかなえたいなら、「軽く決める」

具体的な「決め方」について、さらに深めていきましょう。

強い意志をもって「私は決めた！」と宣言したからといって、それが本当に決めたことになるかというと、そうではありません。いくら口で言っていても、本来の意味で決めていない人が多いのです。

どういうことかというと、自分では大変な決意で努力しているように感じていても、**エネルギーは思い通りに作用していない**ということです。

決めたつもりでも、単なる自己満足や空回りで終わっているケースも少なくないのです。「重大な思い」や「決死の覚悟」で決意した人ほど、その傾向があります。

私はこれまで、「強く念ずれば願いがかなう」と思っている人や、「絶対に○○する！」「必ず○○になる！」と力んでいる人をたくさん見てきました。

しかし残念ながら、彼らの思いが形になるところを見ることは、ほとんどできませんでした。

彼らが成功しなかったのは、「決める」というエネルギーの性質が関係しています。

必要以上に強い決意は、本当に決めることとは別物です。

その思いが力みとなって、自分自身のエネルギーを重くしてしまうのです。

もともと、「決める」行為は、さまざまなエネルギーのなかでも、もっと**も透明で軽い性質をもちます。**

そのエネルギーを粒子にたとえるなら、一番小さく精妙な粒子です。

誰かが「決めた」とき、エネルギーの粒子は、一瞬でサッと広く行き渡ります。

また5次元はもちろん、どんな次元も貫通し、あらゆるところに影響を及ぼせます。

だから、**願いをかなえたいなら、「軽く決める」ことが大切**なのです。

人が本当に決めたら、何が起きても、軽やかに最後までやり抜く力が生まれます。

そして同時に、**天の采配のようなシンクロニシティが起こり、願いを達成できる**のです。

しかし多くの人は、さきほどお話しした「意思」を使って、ようやく決意します。

意思のもつエネルギーは大砲の弾のように重々しく、粒子も粗いという特徴があります。ですから、その意思が広がることも、軽々と目標に向かって突き進むこともありません。

あなたのまわりの、「意を決して」がんばっている人や「考えに考えて決めたこと」をやっている人は、いつも懸命に努力しているわりには、いつも同じようなパッとしない状況に甘んじているのではないでしょうか。

彼らがなかなか成功できないのは、発しているエネルギーが重く、どんどん広がっていく波及力がないせいだったのです。

一時的に集中すれば、その強い思いを「願い」として発することはできるかもしれません。でも、それを継続するのは物理的に不可能です。

しかし、**軽い気持ちで思いつづけられれば、継続して世界に影響を与えられます。**

じつはそれが、一番願いをかなえやすいのです。

古いエネルギーや邪気は私たちのエネルギーを重くする

もし、軽く決意するイメージがつかみづらいのなら、成功しているビジネスマンや世界的に活躍している一流経営者たちを思い出してください。**彼らの決断はすばやく、その行動にはスピード感があるはずです。**

また、合気道や古武術の達人になればなるほど、発する「気」や身のこなしは軽いものです。

しかし彼らは卓越したパワーをもち、力をまったく入れなくても、一瞬で軽々と屈強な相手を倒すことができます。

このことからわかるように、軽いエネルギーは強靭《きょうじん》な力をもちます。

そして、まんべんなく一気に広がり、大きな影響力をもつことができるのです。

軽く思いつづけるためには、祓い清めがもっとも効果的です。

古いエネルギーや邪気は、私たちのエネルギーも重くし、淀《よど》ませます。ましてや、願いをかなえたい気持ちには、自我（エゴ）や執着が混じるので、どうしても発するエネルギーが重くなりがちです。

だから、祓い清めで日々軽くなっていくことが必要なのです。

祓い清めを続けていると、軽やかにいろいろなことを決めていけるようになります。

すると感覚的に、いったん決めたことであっても、自分の気持ちにそぐわなくなれば変えていいとわかるようになります。

そしてどの瞬間も、自分の本心にしたがって迷いなく決められるようになっていきます。

そのサイクルができれば、あなたは自分自身の本当の願いをかなえる人生へと、一気に突き進んでいけるのです。

願いは、明日がくるのと同じくらい当たり前にかなう

そうはいっても、決めるからには、それなりの覚悟が必要ではないか。

やっぱり、強く願わないと現実は変えられないのではないか。

こんな不安や疑問もあるかもしれませんね。

でも、ちょっと考えてみてください。

私たちが強く願わなくても、太陽は毎朝東から昇ります。いままでも、誰かが願ったり決意したりしなくても、この地球はずっと続いてきました。

一生懸命がんばらなくても、朝がくれば夜が訪れ、四季のサイクルに合わせて自然はうつろい、地球は回ってきたのです。

この世を永続的に動かしているのは、「そこにありつづけているエネルギー」です。「重大な決意」や「念」ではありません。

私たちの人生を動かす本質的な力も、これと同じです。

最終的に人生を作っていくのは、どこにでも広がっていく、軽やかで、普遍的なエネルギーや思いなのです。

強い思いや突発的な行動は、人生を一時的に動かすためのカンフル剤になることはあります。しかし、けっして決定的な影響力にはなりません。

継続して変化をもたらす力にはならないのです。

私がこの章で一番お伝えしたいことをまとめましょう。

本当に人生を変えたいと思うのなら、一番「強い」のは、まず軽く決めてしまうことです。

祓い清めによって魂が磨かれていれば、当然のように、決めたことは実現する方向に流れていきます。力を入れる必要は、まったくありません。

あなたが決めたことが当たり前に実現するのが、この世界の法則なのです。


決める行為がどんなものか、もしいまひとつ実感できなかったとしても、大丈夫です。むしろわからなくて当然です。

それは頭で理解するものではなく、体感するものですから。

ここでは、決めることの本質をしっかり理解してください。

いよいよ、3章では願いをかなえる方法とそのしくみについて学んでいきましょう。

3章

自動的に願いが現実化する「祓い清め」の力

HOW TO MAKE WISHES BY PURIFICATION

言葉には出来事を起こす力がある

言葉には「出来事を起こす力」があると、神道では考えられています。「言霊」という単語があるように、私たちの先祖は、言葉の力を知り尽くしていました。その伝統は、いまも伝わっています。

たとえば「切れる」「落ちる」などの「忌み言葉」は、結婚式や受験の際にはいまでも使いません。また、「くわばら」「つるかめ」などの言葉を繰り返し、厄除《やくよ》けや魔除けとする風習がありました。

これは、単なる迷信ではありません。**先祖が、言葉にパワーがあると実感してきたからこそ、生まれた習慣です。**

それをいまも私たちが守りつづけているのは、無意識に言霊の力を実感しているからでしょう。

私たちはほかにも、日常生活で自然に言霊の力を使っています。

たとえば、落ち込んでいるときや不安なときに「大丈夫、大丈夫！」と自分に言い聞かせると、なんとなく元気がわいてきます。

また、人物写真を撮る際に「いい笑顔ですね！」と声をかけると、被写体の表情はグッとやわらぎ、さらに笑顔になります。


量子力学的に見ても、言葉が力をもつことはあきらかになっています。

最先端の量子力学には、**「この世界にあるすべての存在はエネルギーであり、振動し、影響を与え合っている」**という基本認識があります。

言葉も「振動」であり、それぞれの音が固有の振動数を有している。

だから、言葉（振動）を発することで、この世界に何らかの変化を与えられる。このことは、最先端の科学から見ても当然の事実なのです。

一文字ずつ神々の力が込められている五十音

特に、私たちの言語である日本語は、最強の願望実現ツールです。

日本語はすべて、4次元と5次元をつなぐ周波数を有しています。

くわしくは拙書『あなたの人生に奇跡をもたらす 和の成功法則』にゆずりますが、ここでは、日本語が「願いをかなえる言葉」である根拠をいくつか挙げましょう。

日本語はもともと、一万年以上前に使われていた「神代文字」と呼ばれる古代文字が基礎となって生まれました。

五十音すべての文字が、単独で意味をもち、**一つひとつの「文字そのもの」に、膨大な情報とエネルギーが込められています。**

文字に秘められたそれらの情報は、宮中で伝えられてきた「言霊学《げんれい》」によって、解き明かされてきました。

その結果、**日本語のすべての文字が、それぞれ日本神話に登場する神々と対応している**ことがわかっています。

一文字に一柱（一体）ずつ神の力が込められた五十音が無数に組み合わさり、織りなされているのが日本語なのです。

その組み合わせによって無限の働きが生まれ、現実に作用して、私たちが欲しい未来を創造していくのです。

ふたつめの根拠が、日本語の完璧な配列がもつ力です。

日本語は、母音と父韻（子音）の組み合わせで成り立ち、その組み合わせは、「あ」から「ん」までの整然とした一覧表にすることができます。これは、私たち日本人にとっては当たり前のことですね。

しかし、このように一音ごとに独自の意味や働きがあり、しかも、美しい構造で並べられる言語は世界でも類を見ません。

さらに日本語は、世界でもめずらしい「母音優勢言語」です。

「川（KAWA）、鳥（TORI）」など、日本語はどの言葉も必ず母音で終わります。この性質をもつ言葉が、母音優勢言語です。

いま世界を見渡しても、この性質をもつ言語は、世界に約6000の言語があるうち、日本語を含めて数言語（ポリネシア語、レプチャ語など）しか存在していません。

母音の純粋な「音」（周波数）には、現実を作るための強力なパワーがあります。

その母音があらゆる言葉に存在するのが、私たちに与えられた日本語という「魔法の杖《つえ》」なのです。

秘中の秘！　言霊によって願いを現実化するプロセス

言霊によって願いを現実化するプロセスがあります。

それは、「①布斗麻邇《ふとまに》→②布留部《ふるべ》→③鎮霊《ちんれい》」という順です。

これは、**白川神道で本来は継承者にしか教えられない秘中の秘**とされるものです。

①布斗麻邇は「言霊」。
②布留部は「振動」。
③鎮霊は「結合」を示し、「五魂《ごこん》がひとつにまとまっている状態」もそこから生まれます。

つまり、**「言霊を発して振動が生まれると、魂がひとつになり現実を作る力をもつ」**というわけです。

ただし、どんなに心を込めて願いや祈りを言霊として発しても、自分や自分のいる空間が祓《はら》われていなければ、その言葉は5次元に届きません。まったく作用しないのです。

ですから、**最初に自分自身と場を清めなければなりません。**

1章でお話ししたように、祓い清めには、人間を「空《くう》（ゼロ）」の状態に戻す作用があります。

空の状態から言葉を発するからこそ、言霊が発動し、現実が望みのままに作られていきます。

この本の音源を流すことで、自動的にあなたも、あなたのいる空間も祓われていきます。

そのうえで、あなたの願いを言霊として発していけばいいのです。

強力な祓い清めを実現する4つの祓詞

祓いを実現しているのが、「神に届く特別な言葉」である祓詞《はらいことば》です。

この本の音源には、現在もっとも祓い清めの効力が実証されている、つぎの4種類の祓詞をデジタル化して収録しています。

- 三種祓《さんしゅのはらい》……先祖に感謝を送り、その存在を慰める
- 身禊祓《みそぎはらい》……場を浄化し、整える
- 大祓《おおはらい》……現実に影響しているすべてのマイナスエネルギーを祓う
- 一二三祓《ひふみのはらい》……宇宙が起こす創造に対して感謝を表す

日本では、1000年以上にもわたって数々の祓詞が伝承されてきました。

そのなかで、**宮中祭祀《さいし》を司《つかさど》ってきた白川伯王家が最強の祓詞として認めたのが、この4つです。**

これらの祓詞は、ながらく世を治める権力者だけが使うことを許されていた特別なものです。新たな時代を迎えたいま、その神聖な言葉の恩恵を私たちも広く受けられるようになったのです。

私たち七沢研究所が調査研究した結果でも、この4つの祓詞はすばらしい効果が実証されています。

単独での効果はもちろんですが、**すべてを続けて唱えたときの祓いの効力には、目を見張るものがありました。**

あらゆるレベルで祓いがおこなわれるため、加速度がついて浄化が進むことがわかったのです。

農家を被害から救済した結界の効果

三種祓→身禊祓→大祓→一二三祓（先祖を慰め、場のエネルギーを浄化して罪穢《けが》れを祓い、宇宙が起こす創造に感謝する）というプロセスを、さらにシンプルに言い換えましょう。

それは、**「創造→破壊→再生」**です。

音源を流しつづけると、このサイクルが自動的に繰り返されます。

それは、**毎瞬ごとに高速で、あらゆるレベルのエネルギーが祓い清められ、**

新たに清明な世界が作りつづけられることを意味します。

では、あなた自身に何が起きるのかというと、非常にわかりやすい現象がまず現れます。

不安や心配、怒りなどネガティブな感情を引きずることが少なくなり、心穏やかな毎日が過ごせるようになるのです。

これは、1章でもお話ししたように音源を聞きはじめた人がまず体感するようです。

この変化が、あなたが今後願いをかなえていくためのベースとなっていきます。

祓詞の力が、疑いようもなく現れた実験があるのでご紹介しましょう。

祓詞によって、農作物を荒らしていたモグラを撃退することができたという例です。

以前、ある農家が地中からビニールハウスに侵入するモグラの被害に遭い、困っていました。

ふと思いついてハウスの周囲に祓詞を流し、エネルギーの「結界」を張ったのだそうです。

翌朝行ってみると、土を掘り進んでハウスに近づいてきたモグラが、手前でUターンした跡がくっきり残っていたといいます。

このほかにも、祓詞によって、害虫やイノシシなどから農作物を守った例がいくつも報告されています。

5次元と同じように、言霊も目には見えません。しかし、このようにたしかに存在するのです。

練習用ボーカロイド祓詞でなぜか人生が好転する人が続出！

神職の仕事は、この祓詞で清めをおこなうことにつきるといっても過言ではありません。

また私が関わる一般社団法人白川学館でも、会員のみなさんに祓詞の唱え方を指導します。

祓詞は唱えれば唱えるほど、効力を発揮します。

理想をいえば、できる限り唱えつづけられれば、最高の環境になるでしょう。

しかし、私たちの時間には限りがあります。祓詞を四六時中唱えつづけるわけにはいきません。また、実生活での本分をおろそかにしていては、かなうはずの願いも遠のいてしまいます。

だから、音源による自動的な祓い清めが役立つのです。

音源で手軽にお祓いができることに、少なからず抵抗があるかもしれません。

私たち日本人は、装束を着た神主さんが厳かにおこなう伝統的な「お祓い」になじんできましたから。

しかし、**人がいくら必死になって祓詞を唱えても、体力にも気力にも限界というものがあります。**24時間唱えつづけることはできません。

その点、ボーカロイドであれば、疲れることはありません。音源を流している限り、**人間ではとうてい不可能な安定性と速度で祓詞を唱えつづけられます。**

私たちは、普段通りに日常生活を送っていれば大丈夫。音源がものすごいスピードと浄化力で祓い清めをおこなってくれます。

さらに、人の声には、本人の念やエネルギーが乗ることがわかっています。研究所で実験した結果、どんなに高い地位の神職であっても、人間が祓詞を唱えると、感情や体調、心境のムラがエネルギーとして声に混じっていたのです。

その点、**ボーカロイドであれば、人間のようにコンディションによってエネルギーが変わることはありません。**

また、ネガティブな感情が乗ったり、気が散ったりすることもありません。**常にフラットな状態で、スイッチを入れている限り、最高の状態で祓詞を唱えてくれます。**

参考までに、ボーカロイド音源誕生秘話をお伝えしましょう。

はじめ、このボーカロイドによる祓詞は、会員が祓詞を習得するための練習用に開発されたものでした。

ところが、**その音声を聞くだけで、多くの会員から「人生が急に好転した」「心身の状態がよくなった」とつぎつぎに報告が届いたのです。**

そこで、研究所全体で本格的に開発を始め、音源化に至ったというわけです。

さらに、この音源には、「ロゴサウンド」という特殊な周波数がミックスされています（くわしくは8ページからの詳細解説をご覧ください）。

人間が口頭で祓詞を唱えるときと、この音源を超高速自動再生するときの浄化作用は、自転車とジェット機ほどの違いがあるといっていいでしょう。

実際には聞こえなくても、成果が実証された特殊なデジタル技術によって、祓詞の振動は確実に浄化の作用を起こしていきます。

あなたは、音源を再生しながら、好きなことを好きなようにやっているだけで、あるいは、やるべきことに集中しているだけで、音源が勝手に祓い清めをおこなって、エネルギーを浄化してくれるのです。

脳波実験でわかった音源の効果

この音源の効果をより多くの方々にひとめでわかっていただくために、脳波実験を研究機関に依頼しました。

つぎのグラフをご覧ください。この実験は、国立岐阜大学名誉教授、工学博士の元島栖二《せいじ》先生にご協力いただきました。

5人の被験者の方にご協力いただき、音源を聞く前（測定前）と、聞いた後の脳波と血流量を調べました。

測定前は、脳が活発に動く緊張状態のβ1の状態だったのが、落ち着いた状態のα3へ、そして非常に落ち着いたα2に移行していきました。

ちなみに、α2は、**記憶力もアップする状態です**。さらに、**鎮魂状態にも**

脳波実験の結果

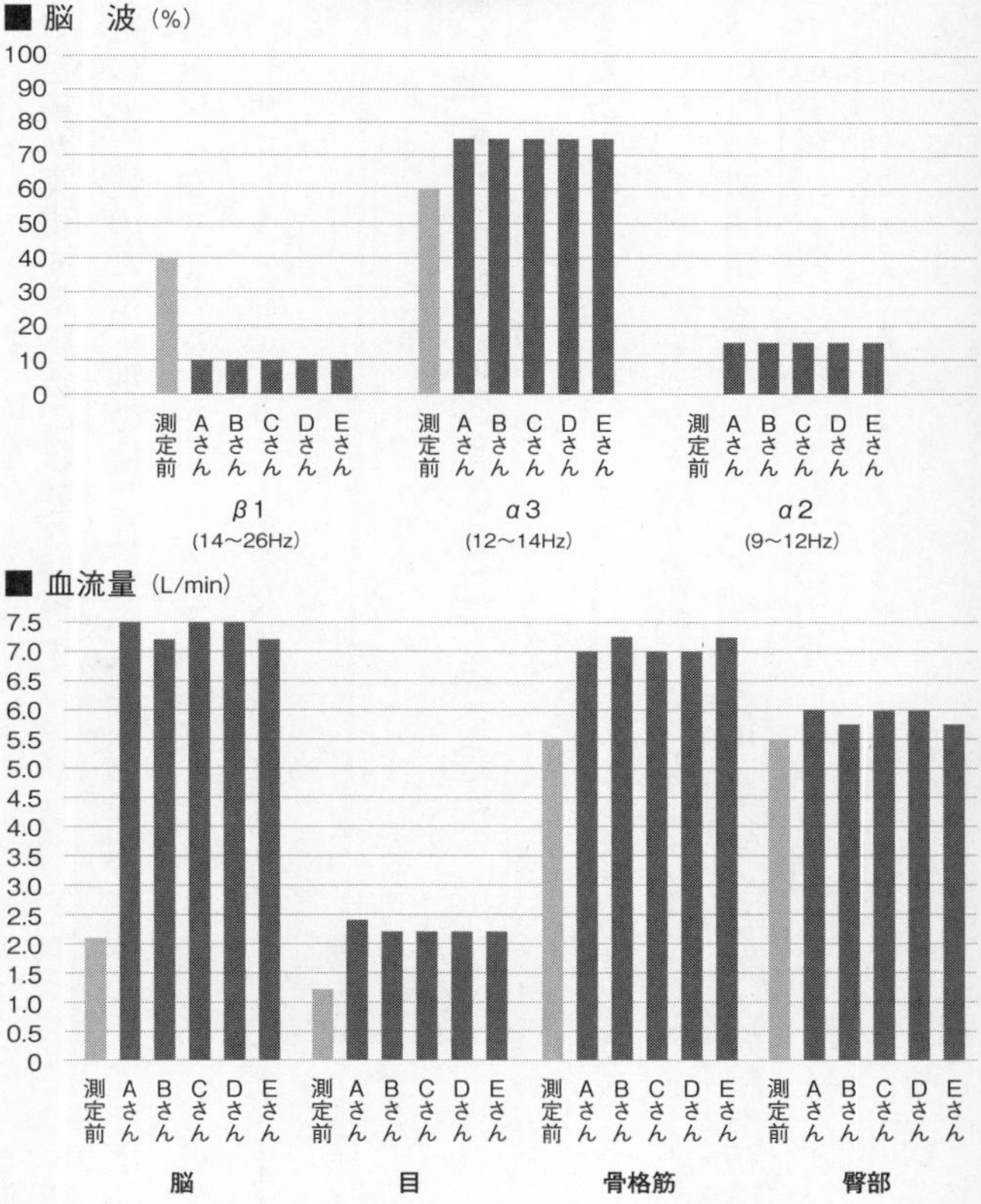

※CMC 波動共振センサー調べ、2017/9/20、（株）CMC 総合研究所にて

近く、言霊が実現する脳波の状態なのです。

実験の公平性のため、別の機関にも脳波実験を依頼しましたが、ほぼ同じような結果になりました。

この結果からも、自信をもってあなたにもこの本の音源をおすすめします。

祓い清めが「最強」の願望実現法である理由

いま私たちのまわりには、さまざまな願いのかなえ方があります。

たとえば、心理テクニックや潜在意識にアプローチするメソッド、統計学に基づいた能力開発など。また、守護霊や神仏、天使や女神、妖精や精霊、龍などの眷属《けんぞく》、パワースポットなどの力を借りる方法……。

どれも、効果がないわけではありません。

一定の目標達成はできますし、自分の力以上の実力を発揮することも可能です。一概に否定するわけではありません。

たしかに目に見えない存在が、人間の運を上げるために手助けすることはあります。

ただ、その力には限界があります。

あるところまでは願いをかなえられても、**特定の存在やメソッドに頼っているかぎり、それ以上のステージには上れません。**

また、そうした存在やメソッドの限界が、自分の能力を規定してしまう場合もあります。

さらに、目に見えない存在の力を借りると、その存在との関係を維持するために努力しなければなりません。

たとえば、ひんぱんに神社やパワースポットに通ったり、繰り返し祈りを捧《ささ》げたりしなければ、力を借りることができない場合も多くあります。

正直なところ**不自由度が高く、限界もある**のが実態なのです。

また私たちは、特定のメソッドや存在から「浮気」をしてはいけないと思いがちです。たとえば、ある存在を信じているのに、途中でほかの存在に鞍《くら》替えしたら、バチがあたると考える人は少なからずいます。

そのように特定の存在に縛られてしまう人は、**本当は無限の可能性をもっているのに、自分自身で枠を作り出してしまうのです。**

また、たとえば引き寄せの法則や、アファメーションなどを使った成功法則も効果がないわけではありません。

しかしそれでは、**可能性の領域である5次元の働きを使うことはできませ**

ん。

私たちの生きている4次元のなかで願いをかなえようとすると、どうしても時間がかかってしまいます。

さらに、「なんとしてもかなえたい」という思いが執着や力みになり、魂を祓い清める際のネックになってしまいます。

だから、「引き寄せたい」「成功したい」という思いすら、この本の音源で祓って魂を清めるのです。

そうすると、制限なく願いがかなう世界へと移行していけるでしょう。

魂が祓い清められれば、自分自身が「神」になれます。

そうなると、自由度はグッと高まります。

つまり、現実創造の場である5次元を使い、限界を超えた成功を手に入れられるのです。これほど最強の願望実現法はありません。

神社には自分のパワーを与えに行く

ここで、「神」として神社に正しく参拝する方法をお教えしましょう。
神社は、お願いをしに行くところ。神様のパワーをいただくところ。
あなたは、そのように思っているのではないでしょうか。
しかし、本来の神道の立場から見れば、それは間違いです。
神社で私たちがするべきことは、ただひとつ。
そのお社に鎮座する神々に感謝を捧げることです。
「〇〇がかなうように」ではなく、「御神徳を広めていただき、感謝します」と祈りを捧げるのが正しいあり方なのです。

これからは、神社は「御利益をもらいに行くところ」ではなく、「感謝を通して、自分のパワーを差し上げに行くところ」と、覚えていてください。

その根拠をお教えしましょう。

夢を壊すかもしれませんが、神社の実状は、すべての神社がクリーンな気に満ちているわけではありません。

たしかに、神職によってしっかり祓い清めがおこなわれ、御神気に満ちたお社もあります。しかしなかには、参拝に来た人の「欲」や「念」が残っている神社も少なからずあるのです。

そんな神社には、本来祓われるべき邪気や低いエネルギーが、言葉は悪いですが「うごめいて」います。

無防備に訪れると、その邪気をつけてしまうことになりかねないのです。

そうすると、せっかく運を上げようとしてお参りに行ったのに、トラブルが続いたり体調不良になったりしかねません。

つまり、**「自分は神より劣っている存在だから、何かを与えてもらわねば」という姿勢でいると、神より下のエネルギーと同調してしまう**のです。

もし仮に、自分が我欲に走っていたり、御利益をもらおうと必死になっていたりしたら、さらに注意が必要です。

かなりの確率で低いエネルギーと同調します。

だから、神社でパワーや御利益をもらおうとするのではなく、**自分が祈りと感謝を捧げよう（差し上げよう）という心づもりで行くことが大切なのです。**

自分自身が祓われていれば、あなたはすでに「神」です。

神として、こちらからエネルギーをあげるつもりで参拝すれば、同じく神が同調して、あなたに返してくれるでしょう。

神の視点をもてばすべてがうまくいく

さらにいえば、**仕事でも人間関係でも「与えること」を意識すればうまくいきます。**

逆に、「得したい」「何かが欲しい」と思っていると、うまくいきません。

私たちは「神」なのですから、与えて当然なのです。

与えられるほどの立ち位置にいれば、それだけでおのずと結果が出ます。

ましてや、その立場から自分の意志を決めて発していけば、強力な働きが発動することはいうまでもありません。

神社に自分のパワーや感謝を捧げに行く立場の人が、何かを決めたとしたら、これは、相当強い影響力があります。「神が決めた」というほどの重みです。

まさしく、神が決めているからです。

だから、**あなたが本当に決めたことは、遅かれ早かれ、必ずかなう。**

それが、日本の神道が伝えてきた教えです。

たとえば、会社の方針や待遇に対してグチを言うのは、上司や会社に何かをしてもらおうと考えているからでしょう。

それは「神」の立ち位置ではありません。

どうすれば、自分が会社や社会に貢献できるか、何を与えられるかを意識するのが、「神」の視点です。

周囲の人に、笑顔やちょっとした気遣いなどをすることもまた、「神」として日常的に与えることになるのです。

魂が磨かれると本当の願いが見えてくる

①パートナーシップの例

魂が磨かれると、心の変化がひとりでに起こり、より幸せな成功へ向かっていけるようになります。

変化が進む途中で、それまでの願いが変わること、自分の本当の願いに気づくことがよく起こります。

たとえば、主婦のAさんが祓い清めを始めたときの願いは、当時不仲だった夫と別れることだったそうです。

しかし、**しばらくするとAさんは自分の「本当の願い」に気づきました。**

彼女が心の底で望んでいたのは、夫ともう一度パートナーシップを結び直し、家庭を発展させることだったのだと。

その後、Aさんは、家で**音源を環境音楽として流すようにし、夫と会話をもつようにしたところ、夫婦仲は徐々に変わっていきました。**

お互いにいたわり合えるようになり、いまでは、笑顔の絶えない家庭になったそうです。なぜ、そんなことが起こったのでしょう。Aさんはこう言っています。

「私は以前、ものすごく曇った目で夫のことを見ていたのです。だから、彼の悪いところばかり目につき、不満が溜《た》まりに溜まっていました。でもそれは、魂に曇りガラスのメガネをかけていたようなものでした。そのメガネを外してみたら、夫が一生懸命働き、家族のために彼なりにがんばってくれていることがわかりました。それで、いままで悩んできたけれど、私の本当の願いは、この家庭を守り発展させていくことだったのだと気づけたのです」――

曇りガラス越しだと、自分の願いの奥にある思いがよく見えません。

でも、**魂を磨いてその曇りが祓われると、その視界が開けます。**

すると、Aさんのように「真実」がくっきりと見えてくるのです。

②ビジネス・お金の例

魂が磨かれると本当の願いが見えてくる

もう一例紹介しましょう。

会社で営業トップを狙っていたBさんの夢は、いい成績を挙げて自分がお金持ちになることでした。しかし彼も、音源を聞くなかでハッと目が覚めたそうです。

「これまでは、一番になって自分だけが得しようと考えてきました。でも、自分が営業成績を上げることで、会社に利益をもたらし、社員全体を幸せにすることのほうが大事なんだ、と思うようになりました。そんな意識で仕事をしていたら、結果、自分にベストなポジションを得て、相応の収入がついてきていました」

それまでBさんは、人に負けてはいけないと肩ひじを張り、いつも緊張して仕事をしていたそうです。

ところが、社員全体の幸せへと視点が広がったことで、「自分だけが」という考えがなくなり、焦りやイライラが減りました。

心に余裕が生まれて、営業成績も飛躍的にアップし、いまでは望み通りにトップを走っています。

曇りが祓われた目で人と接すれば、相手が本当に欲しているものが見えてきます。

だから、Bさんのように営業成績が飛躍的に上がるのはよくあるケースなのです。

思い通りになるとわかると欲望は消えていく

ただ、私自身も含め、まわりの方たちを見ていると、おもしろい現象が起こることがあります。

いつでも思い通りになるとわかると、それだけで満たされて、あえて願いをかなえようとは思わなくなっていくのです。

たとえば、東京タワーの近くに住んでいる人は、わざわざ上ろうとは思わないはずです。行こうと思えば、いつでも行けるのですから。

お金も仕事も人間関係も、すべてがいつでも望み通りの状態になるとわかっていれば、欲望は自然に消えていくのです。

そうなったとき、ある変化が起こります。

あなたの願いが、個人的な欲望から、「公」の願いへと変わっていくのです。

神道では、私たちの意識（思考）は、つぎの5つのレベル（階層）を行き来していると考えます。

祓い清めによる意識の変化を、この五階層に照らし合わせて考えてみましよう。

第一階層…1次元　体、私……………………線
第二階層…2次元　情、他者……………………面
第三階層…3次元　魂、仲間（家族・社員）など……立体
第四階層…4次元　霊、社会……………………時空間
第五階層…5次元　神、宇宙……………………宇宙

これまでの歴史のなかで、人間は、第一階層（自分）と第二階層（相手）を行き来しながら、一生を終えてきました。

どんな生き方かというと、自分自身や自分と関係する相手のことだけを考

え、自分の感情が満たされることや快楽を求める生き方です。

多くの人が、**私欲を満たすことを「夢」だと思い、それをかなえるために一生をかけました。**かなったとしても、満足できず、また新たな夢や願いを追いかけて一生を終えました。

つまり、ほとんどの人は、体の快・不快や感情、物欲や承認欲求などの欲望に振りまわされて生きてきたのです。

しかし、第三階層より上の意識状態になると、**「世のため人のため」に自分のなすべきことをなす生き方に変わっていきます。**

自分や相手のことだけを考え、第一・第二階層で生きているのは、「私」の視点で生きるということです。

一方、意識が第三階層以上へ進むことを、「公」の視点で生きるといいます。

そして第五階層になると、自分自身も自分を取り囲むすべても俯瞰《ふかん》できる究極の「神」の視点で生きられるようになります。

公の視点で生きれば、あなたの次元が変わる

厳しい言い方かもしれませんが、第一階層から第二階層で生きている限り、幸せに成功していくことはできないといっていいでしょう。

「私」の視点で「自分はこうなるんだ」と願って夢をかなえたとしても、すぐに新たな願いや夢が生まれます。いつまでも、気が休まることはありません。

また、自分のことだけを考えていると、「人に勝たなければ」「蹴落とされないようにしなければ」と、不安や焦りから自由になることはできません。

「私」の視点で生き る限り、心からの満足や幸福感を得ることは、なかなかできないのです。

しかし、「公」の視点で生きられるようになれば、心の充実度がまったく変わります。広い視野をもって物事を俯瞰できるので、むやみに焦ったり迷ったりしなくなるのです。

では、どうすれば第三階層以上の意識状態へ移行することができるのでしょうか。

じつは、とても簡単です。

自分自身で「公」を意識して生きればいいのです。

むずかしくはありません。小さなことでいいので、人や世の中のために自分ができることは何かを考えればいいだけです。

たとえば、家族や職場の人に笑顔で挨拶する、自分の身の回りの環境をきれいに整える、落ちているゴミを拾う、自分の仕事が誰かの役に立つという思いで働く……。そんな身近なことでOKです。

意識のもち方次第で、つながる階層や影響を及ぼせる次元が変わっていきます。

まずは、「公」の視点で生きる大切さを知って、日々意識していくことが重要なのです。

その意味でも、ぜひこの本の音源を活用してください。

音源を流すと、五階層すべてにおいてエネルギーが祓われ、クリアな状態になっていきます。すると、従来は第二階層止まりだった意識が、第三階層から第五の階層へと一気に上がります。

そして、あなたのエネルギーが及ぼす影響の範囲とインパクトが、まったく違うものに変わってきます。

「本当にやりたかったこと」に気づく人続出！

五魂が磨かれて魂の曇りが晴れると、「本当にやりたかったこと」に気づく人が大勢います。

魂が祓い清められ、当初の「私」を基準とした夢が、次第に「公」によったものに変わっても不思議はありません。

健康食品の販売で全国展開しているCさんも、大きく変わった方のひとりです。

祓い清めに取り組みはじめて、Cさんはフランチャイズへ加盟しやすくするために、初期費用やロイヤリティーを大幅に引き下げました。

自分自身が利益を得るよりも、よい商品を売りやすい条件で提供して、多くの人の健康に貢献することが大事だと気づいたからです。

いま、加盟店は全国にどんどん広がり、売上も順調に伸びています。Cさんの表情は以前とはみちがえるように明るくなり、イキイキしています。

もちろん、夢に良し悪《あ》しや優劣があるわけではありません。

どんな夢もそれぞれに意味があり、自分自身にとっては大切なものです。

まずは、いまの夢や願いを大事にしてください。

ただ、これまで私たちは、曇りガラス越しに自分や世界を見てきました。

そのために視界がぼやけ、自分が本当に欲しいものや、自分に必要な人がわからなくなってしまったケースがあるのです。欲や寂しさで曇り、ボンヤリと暗い視界のなかで、手探りで捕まえた「夢」や人間関係は、多くの場合、失望しかもたらしません。

しかし、**曇りを取り除いた目で見てみると、自分が本当にやりたいことは、それまでの願いとは違うということに気づく場合がよくあるのです。**

そして、その「本当にやりたいこと」とは、周囲の人や社会に貢献するような、公的な願いであることが意外に多いのです。

個人的な願いに集中するとクルッと変わるときがくる

神道的に見ると、「公」とは、「大きな屋根」を意味します。屋根を「意識」と捉えるなら、人間としての大きな意識の広がりを表すのが「公」です。

その対極に「私」があります。狭く深く、自分自身に意識を集中させていく姿勢が「私」です。

一見、両者はまったく別物のように思えます。

しかしこれには、とてもおもしろい性質があります。

「私」に意識をグーッと究極まで集中させると、ある臨界点で反転して、「公」に向かうようになるのです。

つまり、人間関係でも仕事でもお金でも、個人的な願いを集中してかなえ、自分を満たしていくと、あるところで意識がクルッと変わり、世のため人のために何かをしたいと願うようになる。こういうわけです。

最終的に人間は、誰かのために何かをしたい、心を広くもちたい、誰かを愛したい、そう願っている存在だということです。

本当のところ、私たち人間はみな、「公」に生きたいと思っているのです。

愛といっても、男女間の恋愛のことではありません。

人間愛、人類愛と呼べるような大きな愛です。

しかし、「公」のために生きようと、自分の願いを差しおいて、人のために尽くしたり、世の中のためになる活動をしたりしなければと思うのは勘違いです。

本当はかなえたい願いがあるのに、見かけだけ「公」に生きようとしても、誰の役にも立たなければ、その願いがかなうこともありません。

本来、神であるあなたがもつ願いは、いまそれがどんなものであれ、究極的には「公」に貢献することに、自然とつながっていきます。

これは、さきほどお伝えした「『公』の視点で生きること」と真逆に感じますか?

ここはとても大切なので、早合点しないようにしてください。

「公」の視点はもちながらも、まず自分自身を十分に満たしきるのです。

すると自然に、世のため人のために貢献できる自分になっていきます。

結果的に、「私」の願いも「公」の願いも、両方セットでかなっていくのです。

じつはみんな同じ魂をもつ存在だった！

なぜ、「私」の願いを突き詰めてかなえていくと、「公」の願いもかなうのでしょうか。

その理由は、いたってシンプルです。

それは、**私たち人間の魂がみな「同じ」だからです。**

これもまた「常識外れ」な考え方かもしれませんね。しかし、このことを理解するのは、人間の成り立ちを正しく知って、これからの時代を幸せに成功しながら生きるために、とても重要です。

そして、私がこの本でお伝えしたい大切なメッセージのひとつです。

魂が、荒魂《あらみたま》、和魂《にぎみたま》、幸魂《さきみたま》、奇魂《くしみたま》、精魂《くわしみたま》の五魂に分かれることは、すでにお話ししました。

人間の「魂が同じ」とは、文字通り、**「私の五魂」と「あなたの五魂」が同じである**ということ。

エネルギー的に見ると、「私の荒魂」と「あなたの荒魂」が別々に存在するわけではなく、「同じもの」をそれぞれもっているのです。

これは日本人に限ったことではありません。

人類であれば、国籍や性別、年齢が違っても、みな同じです。

では、一人ひとりの個性はどこから出てくるのでしょう。

個性とは、魂にどのような付着物があるかで決まります。

また、**五魂のなかのどの魂が、もっとも活発に動いているかでも変わってきます。**

魂の曇り具合（磨かれ具合）や、五魂の発動するレベルは、それぞれ違います。

その違いが、一人ひとりの個性や持ち味となっていくのです。

心理学では、人間の魂を「集合意識」という言葉で捉え、「人類は集合意識でつながっている」と説明するのかもしれません。

しかし神道的に見れば、人間はみな「同じ魂」をもっている、魂は同じ素材でできていると捉えるのです。

つまり、魂レベル（5次元）でいうと、私たちは全員100％つながっている。だから、**自分自身の願いをかなえて幸せに生きることが、知らない誰かの魂に貢献し、ひいては、大げさではなく、人類の幸せのためにもなるのです。**

このことが理解できると、いま私たちが悩んだり苦しんだりしていることのほとんどが、じつは大したことではないとわかります。

たとえば、魂は同じなのですから、人を蹴落として勝とうとしたり、他人を傷つけたりすると、結局は自分自身に返ってくるわけです。

戦争や争い事が、いかに愚かなことであるかもわかります。

また、人と自分を比べて一喜一憂することも、意味がないと気づけます。孤独感や疎外感をもつ必要もありません。

どれも、魂が曇っているために、自分と人が違うという分離感が作り出している幻想にすぎないからです。

願いをかなえて、「本当の喜び」にシフトしよう

魂の本質を理解して、「公」の視点を意識するようになると、「喜び」の質も変わっていきます。

私たちは、自分の思考や感情に左右されて日々生きています。しかしそれは、特定の観念や価値観から生まれているにすぎません。

たとえば、いま私たちが抱く喜びや幸せの感情でさえ、現代社会の価値観に即した「喜び」や「幸せ」です。

神道的に見れば、それは「かりそめ」であり、言いすぎかもしれませんが、本当の喜びや幸せとは違うのです。

たとえば、あなたが出世競争や勝負事で誰かに勝って「喜び」を感じたとしたら、その裏には、負けた相手の「くやしさ」も存在しています。
そう考えると、その「喜び」は、あなたの主観にすぎないことがわかるでしょう。

人間は、結局どこまでいっても主観から逃れられない存在です。
だからこそこの本の音源によって、自分の主観からくる思考や感情を祓うのです。

そうやって、**より高次元にシフトすることが、これから願いがかなう人生にするための鍵になっていきます。**

では、最終的に祓い清められたクリアな状態で感じる「本当」の喜びや幸せは、どんな形になると思いますか？

それを一言でいえば、「全体性を伴った喜び」です。

ちょっと、むずかしい言い方かもしれませんね。

もっと簡単にいいましょう。

それは、**自分自身はもちろん、他人や動物、自然などとともに、世界全体、宇宙全体で喜ぶ**ということです。……宇宙まで登場するなんて、壮大すぎるでしょうか。

別の言葉でいえば、「自分が、自分が」とひとり勝ちをしようとするのではなく、人や自然と調和し合うなかで喜びを感じること。

孤立するのではなく、自分以外の存在とのつながりのなかで、ただそこにいるだけで充実感や幸せを覚えること。

自分も、自分以外の存在も、生きとし生けるものがみな一緒になって喜ぶことです。

そのような喜びなら、きっとイメージがわくと思います。

自我を突き抜けた世界で本当の喜びを体験すると、あらゆる存在がいとおしくなり、人に優しくなります。

そして、ただ存在しているだけで喜びがこみ上げてくる状態になります。この世界で生きることそのものに対して、喜びがわいてくる。ただいるだけで、幸福感があふれてくる。そんな感覚に満たされるのです。

また、その喜びを体感できると、対人関係で問題や悩みが生まれても、俯瞰できるようになります。それはまさに、5次元＝「神」の視点です。

そんな視点で生きられるようになれば、**いままでにまして感情豊かになり、同時に、物事にこだわらない大らかさも備わります。**

こまかなことは気にならなくなり、「器の大きな人」になります。

自分の感情に常に自覚的でいられるので、感情に翻弄されることもありません。

一言でいえば、「心の自由度」がとても高くなるのです。

さあ、願いをかなえ、新しい時代を生き抜こう

魂は「同じ」ですから、その曇りが取り払われると、「あなた」と「私」の区別はなくなります。

自分も他人も同じなので、私有財産をもつという意識もありません。

相手と競争する必要もなければ、人に勝つという発想も起こりません。

自分の子どもは、「みんなの子ども」です。

縄文時代以前、人間はそのような社会で生きていました。自分と他者の区別がなく、争いもない。「公」そのものといえる、人間本来のピュアな精神性を保っていました。

その表れのひとつを、当時の装飾品の保管法に見ることができます。

縄文時代の遺跡からは、**耳輪や腕輪などの装飾品が出土しますが、古代史の研究によると、それらは集落の一か所にまとめて置かれてある**そうです。

装飾品は個人の所有物ではなく、必要に応じて、儀式や祭礼の際にそのつど「使うべき人が使っていた」からだといいます。

装飾品は、現代とは比べものにならないくらい貴重品だったでしょう。それを共同管理する信頼関係が当時は成立していたのです。

この縄文時代と3000年後の現代を比べてみると、いま、世界のバランスは大きく傾いているといわざるを得ません。

まず、経済誌フォーブスによると、世界の上位8人が地球上の富の半分を所有しています。また、先進国と発展途上国の経済格差だけでなく、日本国内の経済格差も年々広がっています。

人口問題を見ても、先進国では少子化と高齢化が進む一方で、発展途上国の出生率が下がる傾向はありません。また、経済優先の価値観は環境破壊を招き、絶滅危惧種は年々増えつづけています。

こうやって表面に現れた問題を見ただけでも、世界的にアンバランスな状態が続いているのです。

世界は、私たちの映し鏡です。

このいびつさがどこから生まれたかといえば、私たちの魂の曇り以外にありません。

魂にさまざまなものが付着して自我が生まれ、知識が育まれたからこそ、

３０００年のときをかけて、文明は発達してきました。

それは、人類の壮大なゲームだったともいえます。

しかし、このバランスがかたよりすぎた時代を、いままでと同じ感覚で進んでいくのは非常に厳しいと私は考えています。

最近では、ＡＩ（人工知能）の発達により、ＡＩの知能が人類全体の脳を超える際に起きるシンギュラリティの問題も指摘されています。

今後、予測不能な時代が訪れるのはあきらかでしょう。

これまで、願いをかなえるためにお話ししてきましたが、最後は世界状況にまで話が及んでしまいました。

そんな大きな話は関係ないと思ったかもしれませんが、この地球上にいる限り、社会の動向と私たちの人生は切っても切り離すことができません。

これから、時代は大きく変わります。すでに変化が始まりつつあるいま、何がもっとも必要か。いうまでもありません。

新しい時代、新しいあなたに必要なのは、古い時代の不要なエネルギーを祓い清め、魂を磨きつづけることです。

そして、あなたの願いをかなえつづけることです。

それが、あなた自身の人生の成功と幸せにつながります。

祓い清めによって魂を磨きつづければ、現実は自在に作られ、願いは自然にかなっていきます。

それこそが、世界がバランスを取り戻し、私たちが本当の幸せを生きることにつながっていくのです。

エピローグ　あなたが変わりはじめたサインがきます

あなたの魂が到達する世界とは？

これから本格的に祓《はら》い清めを始めるあなたの魂は、目には見えないステップを進んでいきます。

不要なエネルギーの「ゴミ」が祓われて、「神」である本来のあなたの姿が自然に現れ、その結果、3章でお話しした意識の階層を駆け上って、最終的には第五階層（5次元）へと移行していくのです。

魂が第五階層まで到達したあなたの新しい人生は、いままで経験したことのない、すばらしいものとなるでしょう。

この本の最後に、その変化が始まったとわかる日常生活でのサインをお教えしましょう。

その**サインとは、これまでの好みや習慣が変わること**です。

たとえば、いままで見ていたテレビやウェブサイトが変わる、食べ物や嗜《し》好《こう》品、服などの好みが変わる、それまでこだわっていたことに、さほどこだわらなくなる、イラッとしていた場面でも平常心でいられるようになる、ずっとやめたいと思っていた習慣やクセがいつの間にか直っている……。

そんなことが起こりはじめたら、魂の階層が上がりはじめた証拠です。

普段の習慣は、「過去のあなた」が作り上げたパターン、言い換えれば、「自我のしわざ」です。

祓い清めが進むと魂が磨かれ、その自我の枠を超えていけるので、自然に過去の習慣が変わるのです。

豊かさに満ちた仲間が集まってくる

さらに、あなたの人間関係が変わったら、祓い清めが進んだ証《あか》しです。

人間は、自分と同じ仲間を惹《ひ》きつける性質があります。

だからあなたのエネルギーが変われば、**新しいあなたに合った、豊かさに満ちた仲間が周囲に集まってくる**のです。

それらのサインに気づいたとき、あなたは「毎日が楽しいな」「なんだか生きやすいな」と実感するでしょう。

そのときあなたは、自由自在に生きられる世界にいます。

あなたの願いが、オールマイティにかなう人生がスタートしています。
私たちの先祖が大切に守り継いできた神道の叡智《えいち》が、あなたの人生を最高のものにすることを確信しつつ筆を置きます。

小野寺　潤

本書は二〇一七年十一月に小社より刊行された単行本の表記や表現などを一部改訂したものです。

また、刊行当時ペンネームであった著者名をこのほど本名に変更しました。

本文中の肩書き・データなどは刊行当時のものです。

サンマーク
文庫

願いをかなえる
「お清め」ブック

2023年6月20日　初版印刷
2023年6月30日　初版発行

著者　小野寺 潤
発行人　黒川精一
発行所　株式会社サンマーク出版
東京都新宿区北新宿 2-21-1
電話 03-5348-7800

フォーマットデザイン　重原 隆
本文DTP　山中 央
印刷・製本　共同印刷株式会社

落丁・乱丁本はお取り替えいたします。
定価はカバーに表示してあります。

ISBN978-4-7631-6141-3　C0130

ホームページ　https://www.sunmark.co.jp